C.H.BECK WISSEN

«Betrachtet man das mittelalterliche Jahrtausend konsequent unter globalgeschichtlichem Aspekt, dann zeigt sich schnell, dass ein dichtes und mehrdimensionales Beziehungsgeflecht die auch geographisch zusammenhängenden Kontinente Europa, Asien und Afrika überzogen hatte. Die anderen Teile der Welt waren von diesem Komplex (so gut wie) vollständig getrennt. Es gab also im Mittelalter mehrere Welten, die sich miteinander nur vergleichend in Beziehung setzen lassen. Dies muss auch geschehen, aber die Hauptaufgabe besteht doch darin, die ‹trikontinentale Welt› oder – mit einem Akronym der drei Kontinentnamen gesagt – ‹Eufrasien› zu studieren und zu erfassen. Es ist bemerkenswert, dass es diese Welt war, die schon auf mehr als eintausend mittelalterlichen Karten oder Diagrammen dargestellt wurde. Die Auffassung von der tripartiten Welt aus Asien, Afrika und Europa ging bereits auf die Antike zurück, aber weder damals noch im Mittelalter wurde jemals die Geschichte der drei Kontinente erzählt. Erst die Frage nach einer Globalgeschichte in unserer Zeit hat diesen Mangel spürbar gemacht.»

Michael Borgolte ist Professor (em.) für Mittelalterliche Geschichte an der Humboldt-Universität zu Berlin und einer der renommiertesten Mediävisten Deutschlands. Bei C.H.Beck ist zuletzt von ihm erschienen: Die Welten des Mittelalters. Globalgeschichte eines Jahrtausends ([2]2022).

Michael Borgolte

GLOBALGESCHICHTE DES MITTELALTERS

C.H.Beck

Mit 2 Karten (© Peter Palm, Berlin)
und 2 Abbildungen
(S. 6: Peter Horree/Alamy Stock Foto
S. 10: The Picture Art Collection/Alamy Stock Foto)

Originalausgabe

www.chbeck.de
Satz: C.H.Beck.Media.Solutions, Nördlingen
Druck und Bindung: Druckerei C.H.Beck, Nördlingen
Reihengestaltung Umschlag: Uwe Göbel (Original 1995, mit Logo),
Marion Blomeyer (Überarbeitung 2018)
Umschlagabbildung: Diagrammatische TO-Karte, 13. Jh. Die Welt wird als Kreis dargestellt, der durch ein «T» in die drei Kontinente Asien, Europa und Afrika unterteilt ist. An der Basis des Kreises befindet sich Gades (Cadiz). (London, British Library) © akg-images/British Library
Printed in Germany
ISBN 978 3 406 80377 2

myclimate

klimaneutral produziert
www.chbeck.de/nachhaltig

Inhalt

Globalisierung – Mittelalter – Globalgeschichte des mittelalterlichen Jahrtausends **7**

I. Die trikontinentale Welt **11**

1. Grenzüberschreitungen im Innern: Religionen und Reiche 13
   1.1 Aufkommen und Frühgeschichte von Christentum und Islam 13
   1.2 Christliche und muslimische Expansionen und Reiche 19
   In Europa 19
   In Afrika 38
   In Asien 46
   1.3 Judentum – Transkontinentales Netzwerk ohne Staat 53
   1.4 Indien, Südostasien und der Buddhismus als panasiatische Religion 62
   1.5 Ostasien, seine Religionen und die Nomaden 74
2. Grenzüberschreitungen im Innern: Der Fernhandel . . . 82
   2.1 Die ersten Jahrhunderte 82
   2.2 Die mittleren Jahrhunderte 91
   2.3 Die letzten Jahrhunderte 99

II. Die Welten des Pazifiks und der beiden Amerikas **107**

Das mittelalterliche Jahrtausend als Periode der Globalisierung **115**

Literaturhinweise zum Nachschlagen und Weiterlesen . . . 123

Register 125

   Personen/-gruppen 125
   Orte 126

Chinesische Tonfigur eines sogdischen Händlers auf einem baktrischen Kamel, Tang-Zeit (618–907 n. Chr.). Shanghai-Museum, China

Globalisierung – Mittelalter – Globalgeschichte des mittelalterlichen Jahrtausends

Unter ‹Globalisierung› wird die tatsächliche oder virtuelle Beziehung aller mit allen Menschen auf dem Globus verstanden, sei es durch persönliche Begegnung, sei es durch Medien, sei es im Austausch von Waren. Ihre Analyse bezieht die kulturellen Veränderungen ein, die durch solche Kontakte generiert werden, die Bildung neuer Einheiten und Differenzen, aber auch die Leerstellen im interkulturellen Netz und die selbstgewählten Isolationen. Der Bezug von Globalisierung und Globalgeschichte auf das Mittelalter leuchtet allerdings nicht ohne weiteres ein. Zum einen hat es in jenem Jahrtausend von 500 bis 1500 u. Z., das gewöhnlich als Mittelalter verstanden wird, sicher keine routinemäßig den ganzen Globus umspannenden Beziehungen gegeben. Zum anderen bezeichnet ‹das Mittelalter› eine Periode der europäischen, nicht der allgemeinen Geschichte; ja, ‹Mittelalter› erfasst nach der Genese des Begriffs nicht einmal Europas Vergangenheit überhaupt, sondern nur einen Ausschnitt der west- und mitteleuropäischen Geschichte, der auf eine als klassisch empfundene lateinische Antike folgte und einer Neuzeit und Moderne vorausging, die an ihre Vorvergangenheit anschließen wollte. In Europa fehlt eine Abfolge dieser Art beispielsweise den griechisch-orthodoxen Völkern oder auch in Skandinavien, wo einem ‹Mittelalter› ab ca. 1000/1050 die (römische) Eisen- und die Wikingerzeit vorangegangen sein sollen. Manche, darunter nicht wenige Mediävisten selbst oder Angehörige ihrer Nachbarfächer, weisen die Rede vom ‹Mittelalter› zurück, weil sie die implizierte Abwertung der Epoche schwer ertragen können und sie für ungerecht halten. Andererseits hat sich die Bezeichnung, oft mit variierendem zeitlichen Schwerpunkt, sogar für außereuropäische Länder eingebürgert, beispielsweise für China, Indien und Japan, wenn es darum ging, eine postklassische Zeit anzusprechen. Es scheint geradezu die Vagheit des Begriffes zu sein, die ihn brauchbar gemacht hat. Für die Beibehaltung des ‹Mittelalters› spricht auch, dass sich das Bewusstsein, einer Kultur mit dieser Vergangenheit anzugehören, bei Angehörigen der betroffenen Länder und Völker nicht einfach ausradieren lässt. Diese haben, im Gegenteil, ein Recht darauf zu erfahren, wie sich ihr Bild vom Mittelalter ändert oder ändern könnte, wenn es globalhistorisch renoviert werden soll. Allerdings muss man sich darüber im Klaren sein, dass die Zeitgrenzen von 500 und 1500, für die sich in Europa gute historische Gründe anführen lassen, für andere Kulturen insbesondere in Afrika und Asien natürlich keine Bedeutung haben (müssen). Aber auch jeder andere Versuch, die Globalgeschichte in der Vormoderne zu periodisieren, würde auf die ungerechtfertigte Verallgemeinerung partikularer Zäsuren hinauslaufen. Betrachten wir also jenes Jahrtausend als ein willkürlich geschnittenes Segment des zeitlichen Kontinuums, ohne uns von den Urteilen und Vorurteilen über das traditionelle Mittelalter leiten zu lassen!

Eine ‹Globalgeschichte des Mittelalters› darzustellen, ist noch immer ein ungewöhnliches Format. In letzter Zeit hat sich aber ein Konsens herausgebildet, dass dabei der ‹ganze› Globus einbezogen werden muss. Dieser Anspruch bringt freilich die Gefahr mit sich, eine zielgerichtete Geschichte zu erzählen, die im Sinne der älteren ‹Universalgeschichte› auf ein gutes Ende zulaufen müsste. ‹Globalgeschichte› ist aber keiner Idee vom Sinn und Zweck der Geschichte verpflichtet, sondern sie will nur vor Augen führen, wie, in welchem Maße und mit welchen Ergebnissen sich Menschen und Kulturen durch Beziehung und Austausch vernetzt haben. Zu ihren Grundlagen gehört auch die Einsicht, dass die Geschichte nicht aus der präferierten Sicht einer bestimmten Kultur erzählt werden kann; sie will, wenn nicht allen, so doch vielen Kulturen gerecht werden. Sie hat kein organisierendes Zentrum, sondern soll eine multipolare Welt zum Vorschein bringen, deren Reichtum keine Hierarchien duldet. Globalgeschichten verlangen Leserinnen und Lesern deshalb eine ungewohnte Anstrengung ab; sie müssen den Wechsel der Schauplätze mitvollziehen und konstituieren eben durch diese Bewegung und Beweglichkeit die Globalität des Mittelalters als neues Objekt historischen Verstehens.

Betrachtet man das mittelalterliche Jahrtausend konsequent unter globalgeschichtlichem Aspekt, dann zeigt sich schnell, dass ein dichtes und mehrdimensionales Beziehungsgeflecht die auch geographisch zusammenhängenden Kontinente Europa, Asien und Afrika überzogen hatte. Die anderen Teile der Welt waren von diesem Komplex (so gut wie) vollständig getrennt. Es gab also im Mittelalter mehrere Welten, die sich miteinander nur vergleichend in Beziehung setzen lassen. Dies muss auch geschehen, aber die Hauptaufgabe besteht doch darin, die ‹trikontinentale Welt› oder – mit einem Akronym der drei Kontinentnamen gesagt – ‹Eufrasien› zu studieren und zu erfassen. Es ist bemerkenswert, dass es diese Welt war, die schon auf mehr als eintausend mittelalterlichen Karten oder Diagrammen dargestellt wurde. Die Auffassung von der tripartiten Welt aus Asien, Afrika und Europa ging bereits auf die Antike zurück, aber weder damals noch im Mittelalter wurde jemals die Geschichte der drei Kontinente erzählt. Erst die Frage nach einer Globalgeschichte in unserer Zeit hat diesen Mangel spürbar gemacht.

Methodisch orientiert sich die folgende Studie und Darstellung an der Einsicht des amerikanischen Pioniers der Globalgeschichte, Jerry H. Bentley. Dieser sah die Anfänge aller Globalisierung beim Auftreten des ‹homo erectus› und charakterisierte sie mit dem Streben nach «Kenntnis der weiteren Welt» (2006). Es kommt also darauf an, die mittelalterliche Globalisierung aus der Transgression von Grenzen abzuleiten. Dieser Ansatz wird hier sowohl bei der trikontinentalen als auch bei den anderen identifizierbaren Welten durchgeführt. Allerdings ist die Überlieferungslage so verschieden, dass die Geschichten des Pazifiks und der beiden Amerikas erheblich weniger Raum beanspruchen können als diejenige von Eufrasien. Für die Erkenntnis der inneren Grenzziehungen und -überschreitungen bieten sich die Verbreitung der Religionen und die Reichsbildungen sowie der Fernhandel an. In einem Schlusskapitel soll der

Grabstein der Katerina, Tochter des genuesischen Kaufmanns Domenico Ilioni, von 1342, mit lateinischer Inschrift und Szenen u.a. aus der Legende der hl. Katharina. Yangzhou, China

Beitrag des mittelalterlichen Jahrtausends zur Globalisierung im Kontrast zu vorangegangenen Perioden bestimmt werden.*

* Dieses Buch präsentiert weithin Argumente und Ergebnisse meiner Monographie ‹Die Welten des Mittelalters› und ordnet sie neu. Aus dem Buch von 2022 werden auch Textpassagen übernommen, die ich nicht eigens ausweise.

I. Die trikontinentale Welt

Die Welt der drei Erdteile endete nicht an der Meeresküste. Vielmehr waren die großen Gewässer, die sie umgaben, hervorragende Verkehrswege, die zu ihrer Kohärenz beitrugen. In der Ostsee hatten schon während der Antike Einheimische ihre Boote und Schiffe bewegt, während sich die Römer damit begnügten, ihre Waren auf Strom- oder Landstraßen ins Baltikum zu transportieren. Die Nachfolge der ‹Sueonen› (Tacitus) als seefahrende Völker traten im Mittelalter Angelsachsen und Friesen, Skandinavier, Russen und Deutsche an. Am Atlantik waren die Gestade Spaniens, Galliens, Britanniens und Germaniens in der Kaiserzeit ebenfalls römisch gewesen. Rom war «die einzige atlantische Macht» seiner Zeit (A. R. Lewis). Zur Zeitenwende erreichte die römische Atlantikflotte auch die Westküsten von Jütland und das Skagerrak, ein Feldherr umschiffte sogar den Norden Schottlands. Kurz darauf begannen sächsische, irische und piktische Piraten, das Reich herauszufordern, und nach dem Abzug der Flotte aus dem Kanal eröffneten eingesessene oder zugewanderte Germanen um 600 eine Epoche der ‹Northern Seas›. Norwegische Bauern trieben um 870 durch die Besiedlung Islands die Grenze Eufrasiens weit nach Nordwesten vor; als sie nach zwei Generationen das agrarisch nutzbare Land aufgeteilt hatten, zogen die Migranten nach Grönland weiter. Lebhafter Schiffsverkehr markierte die flandrisch-französische Atlantikküste, zumal gefördert durch den Salzhandel zwischen Gascogne und England (1152); ein Schiff aus Genua passierte 1277 zum ersten Mal die Straße von Gibraltar auf dem Weg zu den Häfen des nördlichen Europa. Weiteren Vorstößen nach Sonnenuntergang standen mentale Hindernisse im Wege. Lateinische Christen und Muslime scheuten den Ozean als ‹Meer der Dunkelheit›, in dem sie die vermeintliche Uferlosigkeit schreckte. Schließlich wiesen Experten aus Genua Portugiesen und Kastiliern den Weg entlang der Küsten Afrikas nach Süden. 1434 glückte der Expedition Heinrichs des Seefahrers die Passage des Kap Bajador, 1488 umsegelte Bartolomeu Dias das ‹Kap der Guten Hoffnung›, und 1497/98 erreichte Vasco da Gama Indien auf demselben Weg und nach der Passage Ostafrikas. Die Route – und Markierung Eufrasiens im Süden – trat neben die alte Transversale des Handels, die vom Mittelmeer über den Indischen Ozean nach Südostasien und China führte. Von dort gingen zwar regionale Verbindungen nach Korea und Japan weiter, aber sonst bildete auch der Pazifik eine unüberwindliche Grenze.

Die Grenzen der trikontinentalen Welt lagen also häufig im Meer und hier nicht selten parallel zu den Küstenlinien; anderswo verliefen sie im Landesinneren. Skandinavien, besonders Norwegen und Schweden, wurden erst zu einem Teil Europas, als die Wikinger als Piraten, Händler, Siedler und Eroberer mit dem Kontinent in Wechselbeziehungen traten (ca. 800 bis ca. 1050). Die Ostsee mutierte durch diese Integration zu einem eufrasischen Binnenmeer wie das Mittelmeer oder das Schwarze Meer. Ganz im Norden stieß die große Halbinsel an das Polarmeer, das im Westen bis Island, Grönland und Nordamerika und im Osten bis zur Beringstraße reichte. Die Menschen, die hier seit Jahrtausenden lebten, widmeten sich der Jagd und waren, abgesehen von gelegentlichem Handel mit Häuten und Pelzen, fast völlig isoliert von den Hirtennomaden und Ackerbaugesellschaften weiter im Süden. Um die Integration des Volks der Samen bemühten sich Schweden und Norwegen seit dem 11. Jahrhundert mit mäßigem Erfolg, während die russische Erschließung Sibiriens erst im späten 15. Jahrhundert einsetzte.

Eine ähnliche terrestrische Binnengrenze wie zwischen den Bewohnern der Tundra beziehungsweise Taiga und der Ökumene von Europa und Asien muss man auch für Afrika zur Kenntnis nehmen. Dieser riesige Kontinent war dünn besiedelt und durch überregionale Straßen kaum erschlossen. Klima und Geologie schieden eine mediterrane Küstenzone von einer Abfolge stark differenter Lebensräume, die von Nord nach Süd wie Gesteinsschichten aufeinander folgten: Wüste, Steppe, Savanne und Regenwald. Dieser war von außen schwer zu durchdringen. Das mittlere und südliche Afrika wurde insbesondere durch die Verbreitung der Bantusprache und -kultur mit Landwirtschaft, Eisen- und Kupferverarbeitung geprägt. Hinweise auf einen engeren Austausch mit dem Norden lassen sich bisher kaum ausmachen, und abgesehen vom Nil mit seinen Mittelmeerhäfen erlaubten nur wenige Flüsse zum Atlantik und Indik einen intensiveren Transport von Menschen und Waren. Ein Teil der trikontinentalen Ökumene waren diese Teile Afrikas genauso wenig wie die Küstenländer der Arktik.

1 Grenzüberschreitungen im Innern: Religionen und Reiche

1.1 Aufkommen und Frühgeschichte von Christentum und Islam

Religionen sind ursprünglich durch Kulte von lokalen oder regionalen Gemeinschaften gekennzeichnet. Im ersten Jahrtausend unserer Zeit kamen aber ‹Weltreligionen› auf, die die Grenzen natürlicher Lebensräume durchbrachen und allen Menschen «unabhängig von Blut, Rasse, Volk oder Nation» offenstanden (D. und J. E. Johnson). Zu diesen Religionen gehörten Christentum und Islam, die das mittelalterliche Jahrtausend mehr prägten als die anderen. Beide waren zwar schon seit ihren Anfängen durch Kontroversen und Schismen innerlich zerrissen, konnten aber ihre Einheit bewahren.

Die Verständigung der Christen beruhte vor allem auf der Jesustradition, also der Entdeckung Jesu als ‹Christus› und Erlöser bald nach der Botschaft von seiner Auferstehung. Dazu kam die Anverwandlung der johanneischen Taufe als Initiationsritual und die Gemeindebildung mit der geschwisterlichen Aufhebung aller sozialen Schranken; in der Einrichtung der Eucharistie als Gemeinschaftsmahl fand diese ihren deutlichsten Ausdruck. Grundlegend waren ebenso die Fixierung eines Kanons der heiligen Schriften, vor allem der vier Evangelien, und die Bildung von kirchlichen Institutionen.

Wie das Christentum ist auch der Islam in einem antiken Umfeld entstanden, er entfaltete sich aber erst im Mittelalter als eine eufrasische Religion. Die arabische Bezeichnung ‹islām› hebt die Unterwerfung des Einzelnen gegenüber Gott hervor; alle Muslime verbindet der Glaube an Gottes Offenbarung durch seinen Propheten Mohammed. Die diesem in Mekka und Medina zuteilgewordenen Eingebungen wurden zu seinen Lebzeiten zwischen 610 und 632 u. Z. gesammelt und im Koran aufgezeichnet. Abgesehen von der Anerkennung dieser Heiligen Schrift teilen die Muslime ein begrenztes Repertoire von Ritualen; besonders sinnfällig für Dritte ist der ‹Hadsch›, die jeder/jedem Gläubigen einmal im Leben vorgeschriebene Pilgerfahrt nach Mekka, die wegen ihrer terminlichen Fixierung Muslime aus aller Welt zusammenführt.

Christen und Muslime verdankten ihre frühe Dynamik der Tatsache, dass sie sich im Rahmen des universalistisch orientierten Imperiums der Römer entfalten konnten; dieses war allerdings tatsächlich ein mediterranes Reich, so dass für die eufrasische Expansion beider Religionen noch ein anderer Faktor hinzukommen musste: die Unterwerfung des Reichs der Sasaniden durch arabische Truppen und damit die Öffnung der römisch-persischen Grenze nach Zentralasien. Die Gläubigen beider Religionen fühlten sich berufen, die ganze Welt für sich zu gewinnen. Bei den Christen oblag die Bekehrungsarbeit keineswegs nur den Geistlichen, den Bischöfen und Mönchen, sondern allen Gemeindemitgliedern. Auf Jesus selbst wurde ein allgemeiner Missionsbefehl zurückgeführt, der die Kirche zu einem multipolaren Kraftwerk formte. Die Christianisierung wurde dadurch begünstigt, dass sie sich im Mittelmeerraum und Europa fast nur mit einer ‹heidnischen› Bevölkerung auseinanderzusetzen hatte; wo sie, wie in Süd- oder Ostasien, auf die Anhänger hochentwickelter, schriftgestützter Religionen stieß, hatte sie hingegen große Probleme. Die christliche Mission setzte nach dem Konzept der Alten Kirche beim Einzelnen an. Danach musste die Konversion durch geistliche Unterweisung vorbereitet und innerlich vollzogen sein, bevor die Taufe erteilt werden konnte. Auf diesem Weg hätte sich freilich das Christentum nicht durchgesetzt. Es kam vielmehr auf die beispielgebende Entscheidung von Königtum und Adel an. Christianisierung war also sozialgeschichtlich gesehen meistens ein Top-down-Prozess, dem sich niemand entziehen sollte.

Im Islam folgte die Verbreitung der religiösen Lehre und Rituale im Allgemeinen der Errichtung und Ausdehnung islamischer Herrschaften, sei es durch militärische Eroberung, sei es durch Vertrag. Nicht zu unterschätzen ist auch die Überredung durch Kaufleute. Die Rechtsgelehrten fassten alle gewonnenen Gebiete als ‹Haus des Islam› zusammen und setzten dieses vom ‹Haus des Krieges› ab; diese Welt der ‹Ungläubigen› sollte einst durch die Islamisierung des ganzen Erdkreises verschwinden. ‹Islamische Herrschaft› bedeutete allerdings keineswegs vollständige Islamisierung der jeweiligen Bevölkerung; die Konversion aller Unterworfenen dauerte in der Regel Jahrhunderte, und insbesondere die Angehörigen der anderen Schriftreligionen – Christen, Juden und Zoroastrier – konnten als rechtlich geschützte Minderheiten in den betreffenden Gebieten weiterleben. Umgekehrt sollten sich die Muslime im ‹Haus des Krieges› nicht aufhalten, oder, wenn dies etwa auf Reisen unvermeidlich war, die fremdgläubigen Räume möglichst rasch durchqueren. Islamische Siedlungen außerhalb islamischer Herrschaften waren Ausnahmeerscheinungen.

Für die Verbreitung des Christentums musste sich in antiker Tradition vor allem der Kaiser von Byzanz verantwortlich fühlen. Seine Hauptstadt am Bosporus lag verkehrsgünstig am Schnittpunkt von Land- und Wasserstraßen, die alle drei Erdteile verbanden. Als Nachfolger Konstantins des Großen wurde dem Kaiser die Stellung eines Vertreters Gottes auf Erden zugeschrieben, der zur Bekehrung der Nichtchristen dies- und jenseits der Reichsgrenzen berufen war. Der Patriarch der Hauptstadt hatte die politischen Ansprüche des Monarchen zu unterstützen und erkannte dessen Führung in der Kirche an. Tatsächlich nahmen die Kaiser im frühen 6. Jahrhundert eine zielgerichtete Missionspolitik auf; dabei wurde ein traditionsbildendes Ritual entwickelt: Herrscher eines benachbarten Landes oder Volkes ließen sich durch den Patriarchen taufen, während der Kaiser die Patenschaft übernahm. Zuerst ist das für den Prinzen Tzathios am Schwarzen Meer belegt (522). Der Befund ist globalhistorisch von großer Bedeutung, denn er markiert einen Übergang vom christlichen Reich der Antike zum mittelalterlichen Reich von Byzanz: Erst jetzt transzendierten Anspruch und Wirksamkeit des Kaisers die politischen Grenzen, indem er zugleich als Haupt seiner Kirche fungierte und dabei ‹Heiden› gewann.

Die uneingeschränkte Herrschaft über die Kirche zu erhalten, ist den Kaisern aber nicht gelungen. Zu beachten ist schon, dass im ostmediterranen Raum und darüber hinaus noch andere Mächte an der Verbreitung des Glaubens mitgewirkt haben. In Armenien und in Aksum im nordöstlichen Afrika hatte die Kirche schon in der Frühzeit ohne Hilfe byzantinischer Potentaten Fuß gefasst. Lange bevor der Bischof der Hauptstadt mit Unterstützung des Kaisers zum Patriarchen aufsteigen konnte, waren auch den Oberhirten von Alexandria (für Afrika) und Antiochien (für Asien) die prominenteren Rollen zugewiesen. Die selbstbewussten Prälaten mit ihren Bischofssitzen haben sich dann auch immer wieder gegen die geistliche Macht am Bosporus oder fremdgläubige Herrscher behauptet.

Seiner Rolle als Hüter der Orthodoxie konnte der Kaiser ebenfalls nicht immer gerecht werden. Sie leitete sich daraus ab, dass er es war, der die ersten Allgemeinen Konzilien berufen und an diesen mitgewirkt hatte. 325 in Nicäa und 381 in Konstantinopel hatten die großen Kirchenversammlungen zwar das Glaubensbekenntnis beschlossen, das noch heute von den Christen allgemein anerkannt wird. Obwohl Nicäa auch die Gottgleichheit Jesu dekretiert hatte, hingen einige Kaiser in der Folgezeit aber der Lehre von der Gottähnlichkeit des Erlösers an, die vor allem mit dem Priester Arius aus Alexandrien in Verbindung gebracht wurde. Und auch, als die christologischen Streitigkeiten im 4. und 5. Jahrhundert weitergingen, agierten die Herrscher oft wenig glücklich. Die dogmatischen Probleme vermischten sich mit Rivalitäten der Oberhirten und politischen Konflikten. Am gravierendsten war hierbei, dass es Christen auch im Perserreich gab, die einem konkurrierenden Herrscher unterworfen waren. Fünf persische Bischöfe hatten noch am

Konzil von Nicäa teilgenommen, dann aber beanspruchte und erlangte der Kirchenführer von Seleukia-Ktesiphon mit Hilfe seines nichtkonvertierten Königs die Selbstständigkeit und Unabhängigkeit (410/424). Die ‹Kirche des Ostens› unter Leitung ihres ‹Katholikos-Patriarchen› umfasste am Ende eine größere Anzahl von Metropoliten unter den eigenen Bischöfen. Ebenso wichtig wie die organisatorischen Neuerungen war die Verlegung der Theologenschule von Edessa nach Nisibis (435). Hier wurden Lehren verbreitet, die auf im Westen umstrittene Gelehrte wie Nestorius von Konstantinopel zurückgingen; deshalb wird die persische Kirche oft kurzschlüssig ‹nestorianisch› genannt. Als auf dem Dritten Ökumenischen Konzil von Ephesus 431 Nestorius förmlich verurteilt wurde, weil er der Jungfrau Maria den Titel ‹Theotokos› (‹Gottesgebärerin›) verweigerte und lieber von ‹Christokokos› sprach, verwarf die persische Kirche diesen Beschluss.

Während die Perser noch die Beschlüsse des Konzils von 381 anerkannt hatten, gab es im Osten eine Reihe weiterer Kirchen, die zwar dem Konzil von Ephesus, nicht mehr aber den Entscheidungen von Chalkedon 451 zugestimmt hatten. Diese ‹Orthodoxen Kirchen der drei Konzilien› werden wegen ihrer dogmatischen Ausrichtung auch ‹monophysitische (miaphysitische)› Kirchen genannt, weil sie Christus nur eine einzige, göttliche, und keine gottmenschliche Natur zubilligten. Im Hinblick auf ihre Ursprünge und ethnischen Zugehörigkeiten spricht man auch von den Syrisch-, Koptisch-, Äthiopisch- und Armenisch-Orthodoxen Kirchen. Die wichtigste von ihnen, die syrische, hatte ihr Zentrum in Antiochien, wo ihr eigener Patriarch mit dem griechisch-orthodoxen Oberhaupt konkurrierte. Sie konzentrierte sich zwar auf altes römisches Reichsgebiet, doch reichten ihre Bischofssitze und Klöster ins Perserreich hinüber. Neben Antiochien war Alexandria Sitz eines monophysitischen Patriarchen. Der rivalisierte am Nil schon seit Mitte des 5. Jahrhunderts mit einem gleichrangigen Chalkedonier, den der Kaiser von Konstantinopel entsandte; die Mehrheit der Bevölkerung neigte in der Regel dem Monophysitismus zu. Der Patriarch wählte auch den einzigen Bischof von Aksum aus, und zwar unter ägyptischen Mönchen. Auch die Kirche in Nubien wurde von dem monophysitischen Kirchenführer in Alexandria abhängig. Die Armenier schließlich distanzierten sich um 555/600 von den Beschlüssen von Chalkedon. Unter muslimischer Herrschaft sollte die Selbstständigkeit dieser ‹Nationalkirche› noch wachsen.

Religionsgeschichtlich ist Aufkommen und Verbreitung des Islam der wichtigste Vorgang des Mittelalters; dabei wurde im Mittelmeerraum und Vorderasien auch die politische Ordnung der Antike umgebaut. Mohammed, ein Kaufmann aus Mekka, hatte in seinem letzten Lebensjahrzehnt seit der Flucht aus Mekka nach Medina (622–632) die arabischen Stämme durch militärische Gewalt, Diplomatie und charismatische Verkündigung einer Eingottreligion für seine Botschaft und Herrschaft gewonnen. Sein Werk wurde durch seine ‹Stellvertreter›, ‹Kalifen›, weitergeführt, denen von Anfang an die Leitung der Gemeinde (‹umma›) in ungeschiedener religiöser und politischer Gewalt zugeschrieben wurde. Unter den vier ersten Kalifen (bis 661) gelang es den Muslimen, nahezu den gesamten ‹Nahen Osten› zu erobern: 636/641 verloren die römischen Byzantiner Syrien und Palästina, 639/641 auch Alexandria in Ägypten; zur gleichen Zeit wurde das Reich der Sasaniden unterworfen (642/651). Über der Nachfolge des dritten Kalifen kam es nach einem Schiedsspruch zu einem notdürftig beigelegten, aber nicht behobenen Schisma. Die Anhänger Alis (656–661) bildeten fortan die ‹Schiiten› (nach ‹Schia›, ‹Partei›), ihre Gegner den Kern der auf Dauer mehrheitlichen ‹Sunniten›, die sich auf die ‹sunna›, das Vorbild Mohammeds und der ersten Muslime, beriefen. Eine dritte Gruppe wollte das menschliche Gericht nicht anerkennen, sondern nur dem Urteil Gottes vertrauen; zu ihr gehörten u. a. die ‹Charidschiten›. Die Nachfolger der ‹rechtgeleiteten Kalifen›, die Omaijaden (661–750), agierten von Damaskus in Syrien aus. Unter ihnen belagerten Muslime zwischen 674 und 681 und dann wieder 717/718 alljährlich zu Wasser und zu Lande Konstantinopel, hatten aber keinen Erfolg. Die zweite Dynastie, die Abbasiden (bis 1258), machten gemäß der politischen Schwerpunktverlagerung der Gesamtgemeinde Bagdad im Zweistromland zur Hauptstadt, doch konnte sie ebenso wie ihr Vorläufer keine politische Einheit des Kalifats herstellen.

1.2 Christliche und muslimische Expansionen und Reiche

In Europa. In Europa war das Christentum die dominante Religion. Es überschritt hier die Zonen der alten römischen Provinzen, in denen es sich im Altertum verbreitet und etabliert hatte, und expandierte bis gegen Ende des mittelalterlichen Jahrtausends allenthalben bis zu den Küsten der Meere. Die Grenzen des Imperiums hatte schon eine große Migrationsbewegung durchbrochen, die ‹Germanische Völkerwanderung›. Neben Gruppen, die so ethnisch gelabelt und zusammengefasst wurden, wirkten auch Slawen und turkstämmige Bulgaren in ähnlicher Weise auf die Änderung der kirchlichen und politischen Verhältnisse ein.

Bereits seit dem 3. Jahrhundert hatten sich an Donau und Rhein ‹Barbaren› bemerkbar gemacht, von denen viele ins Reich übersiedelten, in den Dienst von Verwaltung und Heer traten und nicht selten auch Christen wurden. Woher diese ‹Völker› genau kamen, ist umstritten, aber es steht fest, dass bei ihnen keine ethnischen Großgruppen über Jahrhunderte beisammen blieben; vielmehr muss man sich eine ständige Fluktuation durch Abtrennungen und Zuzüge vorstellen. Das Imperium benötigte die Fremden zur Sicherung der Grenzen und auch zum Ausgleich für eigenen Bevölkerungsmangel. Sie selbst waren angezogen von der Kultur der Provinzialrömer und den Vorteilen eines besseren Lebens. Ihr ‹Streben nach der weiteren Welt› war ein Vorstoß aus der Enge von Clans und örtlichen oder allenfalls regionalen Siedlungsgemeinschaften in die Weite eines transkontinentalen Reiches.

Gegen Ende des 4. Jahrhunderts drangen die ‹Germanen› auch gewaltsam vor und begannen, unter ihren erfolgreichsten Heerführern und Königen Sonderherrschaften zu errichten. 376 wurde einer Gruppe von Goten erlaubt, sich in Thrakien anzusiedeln. Allerdings zwang die Reichsregierung die Goten und andere vordringende Germanen immer wieder zum Abzug nach dem Westen. Deshalb traten die neuen Reiche seit dem frühen 5. Jahrhundert nur im Westen an die Stelle des Imperiums (Burgunder am Mittelrhein, Westgoten in Gallien, Sueben in Spanien und Vandalen in Nordafrika). Keinen durchschlagenden Erfolg wie bei den Germanen hatten die Byzantiner bei der Abwehr von Reiterkriegern aus der Steppe. Die diesen zuzurechnenden Bulgaren drangen seit 499 auf dem Balkan vor. Etwas später suchten auch ‹Sklavenen› das Gebiet im Süden der Donau heim und versklavten viele Römer (545); ihre Herkunft lässt sich nicht weiter zurückverfolgen als bis zum Vorfeld des Flusses. Bald vermischte sich die romanische und griechische Vorbevölkerung mit den Neusiedlern. Die Slawen lebten weiterhin in Stämmen und verzichteten darauf, die städtischen oder staatlichen Strukturen zu nutzen, die sie vorfanden. Der bulgarische Khan Asparuch konnte hingegen 681 den ‹Oströmern› einen Friedensvertrag diktieren und zu beiden Seiten der unteren Donau einen eigenen Staat auf kaiserlichem Territorium errichten. In den 860er Jahren wurden die Bulgaren und zur selben Zeit auch die Serben christianisiert. Byzanz fasste das als politische Unterordnung auf. Nach wechselhaften Kämpfen, Bündnissen und neuen Konflikten gelang Basileios II. 1018 ein entscheidender Sieg über Zar Samuel und die Auslöschung des (ersten) bulgarischen Reiches.

Im Westen hatten die germanischen Immigranten schwere Zerstörungen angerichtet; diese schlossen auch kirchliche Strukturen ein, die bis in vorkonstantinische Zeit zurückgingen. An vielen Orten wurden die Bischofsreihen unterbrochen. Den Niedergang des Reiches zu kompensieren, versuchte in Rom Papst Leo I. (440–461), der seine Stadt vor den Hunnen und Vandalen geschützt hatte. Er war vom Beistand Petri als Patron der ‹domina mundi› (‹Herrin der Welt›) überzeugt. Rom sei durch das Wirken des Petrus geradezu zum auserwählten Volk, sein Sitz zum Primat in der Kirche bestimmt worden. Leos Vorgänger Coelestin hatte schon einen bemerkenswerten Schritt über den Horizont des alten Reiches hinaus getan; zu dem keltischen Volk der Iren, das stets außerhalb des Imperiums geblieben war, hatte er einen durch ihn geweihten Palladius entsandt, vermutlich einen Adligen aus dem nördlichen Gallien. Zur gleichen Zeit oder etwas später wirkte auch der Brite Patrick als Missionar. Dieser hatte ein klares Bewusstsein davon, dass seine Verkündigung des Evangeliums die Grenzen des Römerreiches überschritt. Er förderte auch das Mönchtum, von dem im folgenden Jahrhundert Missionsimpulse ins benachbarte Schottland ausgingen, das ebenfalls niemals römisch gewesen war. Allerdings darf man aus der päpstlichen Initiative in Irland und dem imperialen Selbstverständnis Leos des Großen nicht ableiten, dass die praktische Bekehrungsarbeit von Rom her jemals intensiv oder gar systematisch betrieben worden wäre.

Die Ankömmlinge im Westen hatten auf ihrer Wanderung das Christentum nicht in seiner reichskirchlich-orthodoxen, sondern in der arianischen Variante angenommen. Im ‹Abendland› trafen sie nun auf Katholiken. Hätten sich die arianischen Königtümer durchgesetzt, wäre die europäische Geschichte anders verlaufen. Im Unterschied zu den Katholiken mit Rom fehlte ihnen ja eine hierarchische Spitze, die universale Ansprüche vertrat und nach Gelegenheit auch zur Geltung brachte. Arianer konnten nur Landeskirchen unter Führung ihrer Könige ausbilden, so dass bei ihnen eine Tendenz zur supragentilen, europäischen Einigung gar nicht angelegt war.

Dass sich stattdessen der römische Katholizismus behauptete, war vor allem ein Erfolg der Franken. Anders als die Vandalen, Burgunder, Goten oder im 6. Jahrhundert noch die Langobarden sind sie unter Aufgabe früherer Siedelgebiete nicht wirklich gewandert, sondern haben sich vom Niederrhein her nach Gallien vorgeschoben; ihr Ziel war die Küste zum Mittelmeer. Jahrhundertelang pflegten sie mit den Provinzialrömern enge Wechselbeziehungen und ließen sich Siedelland zuweisen. Insbesondere im Gebiet zwischen Seine und Loire glichen sich beide Gruppen an, indem etwa die Franken die romanische Sprache gebrauchten und die Romanen germanische Namen annahmen. Der gallorömische Senatorenadel arrangierte sich mit den neuen Herren, trat dem fränkischen Militär bei und sicherte seinen sozialen Rang durch die Besetzung der Episkopate oder die Unterstützung des Mönchtums. Andererseits förderte eine königliche Dynastie, die wohl in Tournai residierte, die fränkische ‹Ethnogenese› (‹Volkwerdung›) entscheidend; in ihrer zweiten Generation beseitigte Chlodwig alle anderen fränkischen Herrschaften und integrierte sie in sein merowingisches Reich. In der Geschichte der fränkisch-romanischen Beziehungen angelegt war auch die wichtigste Entscheidung, die Chlodwig für sich und sein Volk traf: die Konversion zum Christentum römischer Prägung (498?). Er stand im Gegensatz zu den anderen Germanen, besonders den Goten, wurde damit aber zum Partner des rechtgläubigen Kaisers in Byzanz und des Papstes. Die Westgoten vertrieb er 507 nach Spanien. Als er starb, hinterließ er ein Großreich, das von der Schelde bis zu den Pyrenäen, vom Atlantik bis zum Rhein reichte. Unter Chlodwigs Söhnen kamen noch das Reich der Burgunder, die ‹Alamannia›, das rechtsrheinische Gebiet der Thüringer, Septimanien, die Provence und Churrätien hinzu.

Durch militärische Unterwerfungen, darunter auch durch den Kaiser in Italien auf Kosten der Ostgoten und in Afrika durch Beseitigung des Vandalenreiches, siegte der römische Glaube über die verketzerten und partikular orientierten Arianer. An dieser globalhistorischen Weichenstellung hatten neben den kriegstüchtigen Herrschern auch Frauen einen beachtlichen Anteil. Bei Heiratsbündnissen zwischen den neuen Germanenreichen haben wiederholt Katholikinnen für die Konversion ihrer Ehemänner gesorgt; der prominenteste Fall dieser Art war die Burgunderin Chrodichilde, die Gemahlin des Franken Chlodwig. Und während arianische Bräute an den Höfen ihrer katholischen Männer zu deren ‹Konfession› übergetreten sind, ist dies umgekehrt für Katholikinnen im fremden Land nicht bezeugt.

Eine etwas andere Geschichte als der Kontinent hatte England in der Zeit der Völkerwanderung erlebt. Nachdem die kaiserliche Armee und Verwaltung abgezogen war, wurde die Insel seit Mitte des 5. Jahrhunderts u.a. durch Germanen heimgesucht, die zwischen Rheinmündung und Jütland gesiedelt hatten. Für sie hat sich der Name der Angeln oder Angelsachsen durchgesetzt. Diese konnten die Insel zwar nicht vollständig erobern, aber ob und in welchem Umfang sich die verbliebenen Angehörigen der christianisierten Grundbesitzer an der Konversion der Germanen beteiligten, ist ungewiss. Bei der Bekehrung der Angelsachsen spielte wiederum eine fremde Katholikin, die fränkische Gemahlin des Königs von Kent, eine Rolle, aber wichtiger waren in diesem Fall die Impulse aus Rom. 597 erreichte eine Gruppe von Mönchen, die Papst Gregor I. beauftragt hatte, die Insel, begleitet von fränkischen Dolmetschern. Wohl noch im selben Jahr ließ sich der Herrscher taufen. 669 bestieg sogar ein Grieche den Stuhl des Erzbistums Canterbury, während sich irische Mönche, die über Northumbrien heranzogen, an der Christianisierung beteiligten.

Dem fränkischen König Chlodwig hatten schon die Zeitgenossen nach seinem Aufstieg die Ehren eines Kaisers entgegengebracht. Sein berühmtester Nachfolger Karl (reg. 768–814) aus der Dynastie der Pippiniden nahm einen ähnlichen Weg wie er: Er errang die Gesamtherrschaft seines Volkes, gewann das Langobardenreich in Ober- und Mittelitalien, unterwarf das Herzogtum Bayern und besiegte die Awaren vor der Ostgrenze seines Reiches. Sein Beitrag zur Christianisierung Europas bestand in der Bekehrung der Sachsen zwischen Rhein und Elbe. Notwendig war die militärische Unterwerfung dieses ohne Herrscher organisierten und deshalb nur schwer erfassbaren Volkes, die sich über den langen Zeitraum von 772 bis 804 hinzog. Karl erzwang die Taufe und scheute vor Massenhinrichtungen und Deportationen nicht zurück. In Italien blieb die fränkische Herrschaft beschränkt auf den werdenden ‹Kirchenstaat› der Päpste mit Rom und Ravenna und das Herzogtum Benevent. Einen militärischen Fehlschlag erlitt Karl im muslimischen Spanien. Als ein schwacher Papst Karl, den ‹Schutzherrn der Römer›, als Richter über seine Gegner brauchte, krönte er ihn an Weihnachten 800 in der Peterskirche zum Kaiser.

Die Geschichte des neuen westlichen Kaiserreichs verlief keineswegs geradlinig, obwohl es die ganze Geschichte des Mittelalters mitgeprägt hat. Entscheidend war, dass Otto I., der König des ostfränkischen Reiches, das aus einer Teilung des Karlsreiches hervorgegangen war, die hohe Würde unter ähnlichen Voraussetzungen annahm wie dieser selbst (962). Otto hatte zwar noch das Königtum in Italien angenommen, aber seine Ambition ging, wie es die imperiale Tradition verlangt hätte, darüber fast nie hinaus. Das westliche Kaiserreich hatte kaum etwas gemein mit den orientalischen Reichen und ihrem Streben nach ungeteilter Herrschaft. Es war stets von einem Kranz partikularer Königreiche oder Fürstentümer umgeben, die manchmal durch Eroberung oder Heiratsbündnisse selbst nach imperialem Rang strebten. Alle Herrscher fühlten sich zur Verbreitung des Glaubens verpflichtet.

Otto selbst und seine Nachfolger aus eigener Familie und Verwandtschaft sowie die Salier wandten sich der Mission im Norden und Osten Europas zu, doch entstand hier eine ‹neue Christenheit› ebenso unter dem Einfluss der Angelsachsen (in Skandinavien) und der Oströmer. Die drei nordischen Länder Dänemark, Norwegen und Schweden haben bis Ende des 12. Jahrhunderts eigene Erzbistümer erlangt, und von Norwegen aus war auch Island der christlichen Welt einbezogen worden. In Böhmen haben sich ein einheimischer Herzog, die bayerische Kirche von Regensburg sowie Otto I. um den Aufbau eines ersten Bistums in Prag bemüht, während sich in Polen Mieszko im Zusammenhang seiner Vermählung mit einer böhmischen Fürstentochter taufen ließ (964).

Im Übrigen schwankten die Völker und Gruppen Osteuropas lange Zeit zwischen der Annahme des lateinischen oder des griechischen Christentums, bevor sie sich für die eine oder andere Seite entschieden. Exemplarisch dafür stehen die Ungarn, die nach ihrer Wanderzeit seit Ende des 9. Jahrhunderts im Karpatenbecken siedelten. Die endgültige Weichenstellung zugunsten Roms brachten Großfürst Geza (970–977) und sein Sohn Stephan ‹der Heilige›. Dieser erste König der Ungarn hat neben acht benediktinischen Klöstern allerdings auch zwei Mönchsgemeinschaften eingerichtet, die nach der Regel des Basileios aus Kappadozien leben sollten. Ein anderer Fall war die Rus'. Unter Leitung der skandinavischen Familie der Rjurikiden, die die Slawen zur Herrschaft herbeigerufen hatten, entfaltete sich hier bis Ende des 10. Jahrhunderts ein politisches Gemeinwesen aus diversen Fürstentümern mit städtischen Zentren. Diese säumten die Handelswege zwischen Ostsee und Schwarzem Meer entlang der großen Ströme. Als unbestrittener Führer setzte sich der Großfürst von Kyjiv (Kiev) durch. Vladimir wollte den Staat dadurch konsolidieren, dass er die heterogenen Kulte der diversen Völker überwand und durch eine gemeinsame Religion ersetzte. Nach einigem Schwanken entschied er sich für das griechische Christentum. Dabei hat ein ‹außenpolitischer› Grund eine wichtige Rolle gespielt, nämlich die militärische Unterstützung des Kaisers gegen die Bulgaren. Zum Lohn für die Waffenhilfe konzedierte Basileios II. dem russischen Großfürsten seine Schwester Anna als Ehefrau (988). Die Vermählung setzte seine Konversion zum griechischen Christentum voraus; angeblich empfing der Fürst die Taufe in Cherson am Schwarzen Meer. Viele seiner Leute sollen es ihm gleichgetan haben.

Seit Mitte des 11. Jahrhunderts begannen die Päpste, ihren Anspruch auf Leitung der ganzen Kirche offensiv zu vertreten und teilweise auch durchzusetzen. Von Fall zu Fall konnten sie sich dabei auf neue Orden stützen, besonders die Zisterzienser, Franziskaner und Dominikaner. 1220 griffen die Mönche des heiligen Dominikus den Plan ihres Gründers zur Mission der nomadisch lebenden Kumanen in der Walachei auf. Erste Dominikaner, die bis zum Dnjepr gelangten, stießen bei diesen auf heftige Gegenwehr. Trotzdem konnte schon 1228 ein Ordensbruder zum Bischof der Kumanen berufen werden. Selbst als aus Innerasien die Mongolen bedrohlich in die nordpontische Steppe vordrangen, dachten die Dominikaner noch an die Bekehrung von Heiden jenseits der Kumanen und errichteten Niederlassungen. 1399 bestätigte der Papst den Franziskanern ihren Auftrag zur Seelsorge bei den Kumanen mit dem Zusatz, diese seien «zum größten Teil» bekehrt.

Im Unterschied zum äußersten Osten wurde der Norden Europas im Mittelalter fast vollständig christianisiert. Die kirchliche Erfassung der slawischen, baltischen und finnischen Völker zwischen Oder und Ladogasee, also an der Süd- und Ostküste der Ostsee, lag zunächst bei den Reichen im Süden, die schon vor der Jahrtausendwende bekehrt worden waren. Polen, das

Pommern, und die Rus', die Balten und Ostseefinnen benachbart waren, gehörten freilich verschiedenen christlichen Observanzen an. Die wirkungsvollsten Impulse kamen aber aus dem europäischen Westen beziehungsweise über das Meer, von Deutschen, Dänen und Schweden; neben Fürsten und Königen waren Kaufleute, Mönche, Ritterorden und auch das Papsttum durch seine Legaten beteiligt. Nach den – teilweise oberflächlichen – Erfolgen unter Pommern, Finnen, Liven und Esten im 11./12. Jahrhundert erwies sich die Konversion der Prussen und Litauer als ein zäher Prozess. Bei den baltischen Prussen ging die militärische Unterwerfung durch die deutschen Ordensritter zwischen 1231 und 1283 mit dem mühsamen Aufbau einer Kirchenorganisation einher. Besonders hartnäckig und nicht ohne geschicktes Lavieren zwischen verschiedenen Mächten widerstanden die Litauer der Annahme des Christentums. Der katholische Glaube setzte sich durch, als der litauische Großfürst die Königin von Polen heiratete (1386). Auf der skandinavischen Halbinsel wurden die Karelier und die nomadisierenden Lappen (Samen) erst im 16. Jahrhundert nachhaltig vom Christentum erfasst.

Die Christen des europäischen Mittelalters waren fast überall Mitglieder von Kirchen mit universalen Ansprüchen. Der Horizont ihres Lebens war insofern weiter als derjenige der Menschen in der Antike, auch wenn diese dem Römischen Reich angehörten. Der politische Rahmen ihres Daseins war fast ohne Ausnahme von Monarchien bestimmt, denen ebenfalls eine Tendenz zur Erweiterung und sogar Globalität innewohnte. Dazu trug bei, dass die Kaiser und Könige der Zeit vom Vorbild Konstantins des Großen und seines ‹imperium christianum› geprägt waren. Tatsächlich bestanden zwei Kaiserreiche: Byzanz, das sich selbst als Römisches Reich verstand, und das westliche Imperium, das Karl der Große und Otto der Große gegründet hatten und das sich auf Dauer mit dem deutschen Königtum verbunden hat. Kein Herrscher dieser Reiche konnte freilich ernsthaft daran denken, Europa oder die trikontinentale Welt zu erobern und zu regieren, aber ihr Vorbild und die Ideen, die sie repräsentierten, färbte noch auf die zahlreichen Königtümer ab, die sie umgaben. Der Drang zur globalisierenden Grenzüberschreitung trug auch in den Regionen Europas in immer neuen Ansätzen zur Bildung größerer Reiche als Kommunikationsgemeinschaften bei, in denen sich Menschen und Kulturen ungehemmt von politischen Hindernissen begegnen und verändern konnten.

Bei aller äußerer Reduktion verfügte Byzanz zur Bewahrung seiner Einheit über beachtliche Ressourcen. Bis Mitte des 14. Jahrhunderts war seine Hauptstadt Mittelpunkt der politischen, administrativen und ökonomischen Aktivitäten. Um den Kaiserhof, die zentralen Behörden und die Armee zur Abwehr äußerer Feinde unterhalten zu können, war der Staat auf stabile Einnahmen angewiesen, die vor allem als Grundsteuer von der Landbevölkerung erhoben wurden. Deshalb musste eine flächendeckende Administration bis an die Grenzen des Reiches funktionieren; militärische Einheiten waren besonders in den Grenzräumen stationiert. Für die Mobilität stand als Erbe der Antike ein dichtes Straßennetz zur Verfügung, das den Balkan und Kleinasien überzog. Das alte Postwesen mit Pferdewechselstationen und Raststätten scheint unter Leitung staatlicher Beamten wenigstens auf den großen Reichsstraßen intakt geblieben zu sein. Seehäfen erlaubten den Verkehr von Gütern und Menschen zwischen den Städten des Reiches an den Küsten von Mittelmeer und Schwarzem Meer, während Flüsse in Byzanz unbrauchbar waren. Bis ins 11. Jahrhundert war die Regierung in der Lage, ethnische Umsiedlungen, also Massenmobilität, innerhalb des Reiches zu veranlassen. Vom Kaiserhof beziehungsweise vom Patriarchen von Konstantinopel gingen auch die Ernennungen der Bischöfe aus, zumal die anderen östlichen Patriarchensitze durch die arabischen Eroberungen ihre Funktionsfähigkeit stark eingebüßt hatten. Eine zunehmende Entlohnung der Soldaten durch Landgüter beförderte im Laufe der Zeit aber die militärische Provinzialisierung. Seit dem 10./11. Jahrhundert verlegten sich die Magnaten zunehmend darauf, ihren Landbesitz zur Basis eigener Herrschaften zu nutzen, die sich der Zentralgewalt entzogen; man kann hier von einer Feudalisierung des Reiches sprechen. Der tatsächlichen ethnischen und staatlichen Vielfalt suchten die Experten dadurch gerecht zu werden, dass in den Gesetzestexten für das Reich der Begriff der ‹Ökumene› eintrat, die als übernationaler Verband und historisch-politische Gemeinschaft unter Führung des Kaisers verstanden wurde. Wie schon das Reich der Antike war Byzanz von Anfang an tatsächlich kein universales, sondern ein mediterranes Reich. Trotz einer zähen Selbstbehauptung über tausend Jahre ist seine Geschichte im Mittelalter durch einen diskontinuierlichen Erosionsprozess gekennzeichnet, der in einem südosteuropäischen Zwergstaat endete. Unter den Angriffen der Araber, Bulgaren und Slawen, Langobarden, Normannen und Türken verlor es seine Provinzen in Afrika und Asien, in Spanien, Italien, den Inseln des Mittelmeers und auf dem Balkan. Besonders bedrängend waren die zweite bulgarische Reichsbildung seit 1185 auf Kosten des eigenen Territoriums und die daran anschließenden Eroberungen des Serben Stefan Dušan (1331–1335).

Der Kaiserhof war flexibel genug, die eigene Superiorität auf andere Weise zur Geltung zu bringen. Die neuen Reiche und Herrschaften auf Reichsgebiet band man in einer lockeren Staatengemeinschaft zusammen, für die es in der Antike kein Vorbild gab. Seit einiger Zeit hat sich dafür die Bezeichnung ‹byzantine commonwealth› (D. Obolensky) durchgesetzt. Alle Partner adaptierten in unterschiedlichem Maße die griechische Kultur, bekannten das Christentum in seiner orthodoxen Variante und respektierten den Vorrang der Kirche von Konstantinopel. Stillschweigend bestand auch ein Einverständnis darin, dass dem Kaiser eine gewisse Autorität in der ganzen christlichen Orthodoxie zustehe. Im 10. Jahrhundert kamen außerhalb des Reichsgebiets auch die Rus' und im späten Mittelalter noch die rumänischen Fürstentümer Walachei und Moldawien dazu.

Im Westen Europas erwartete man seit dem 10. bis mindestens Mitte des 13. Jahrhunderts niemand anderen als den ostfränkisch-deutschen Monarchen auch als Kaiser. Von Anfang an schloss das Reich (Ober-)Italien ein, und 1033 ist es dem Salier Konrad II. gelungen, durch Erbvertrag das Königreich Burgund hinzuzugewinnen. Die augenfälligste Differenz zum anderen Kaiserreich war der Mangel einer Hauptstadt und zentralen Verwaltung mit einem reichsweiten Steuersystem. Staatliche Funktionen und soziale Leitungsaufgaben wurden vielmehr durch eine Mehrzahl von Herrschaftsträgern wahrgenommen, die über das ganze Reich verstreut waren. Man kann hier von einem ‹Feudalstaat› sprechen, der nicht nur durch eine Zersplitterung der Herrschaftsbefugnisse zugunsten des Adels gekennzeichnet war, sondern auch Freiräume für andere sozialmächtige Organisationsformen wie die Stadtkommune eingeschlossen hat. Die weltlichen und geistlichen Großen traf der König regelmäßig auf Reichsversammlungen und Hoftagen, die häufig mit kirchlichen Synoden verbunden waren. Umgekehrt war auch die Elite des Reiches ständig in Bewegung und wirkte mit an einem verlässlichen Informationsfluss. Das wohl wichtigste Netz zur Verbreitung von Nachrichten an jedermann waren die Pfarreien, von denen das Reich lückenlos überzogen war und das jeden Getauften eingebunden hat.

Der Schwerpunkt des Reiches lag in den Randzonen des antiken Imperiums oder gar noch jenseits seiner Grenzen, deshalb auch in städtelosen oder -armen Gebieten. Das waren keine guten Voraussetzungen für ein reichsweites Straßensystem. Wo römische Landstraßen bestanden, etwa entlang des Rheins und der Donau, wurden sie wenigstens eine Zeit lang weiterbenutzt. Für die Infrastruktur des Verkehrs hatten namentlich die adligen und klösterlichen Grundherrn zu sorgen. Einen neuen Aufschwung nahm das Straßenwesen seit dem 11. Jahrhundert; es war Ergebnis und Begleiterscheinung einer allgemeinen Expansionsphase, die sich u.a. in Demographie und Städtewesen bemerkbar machte. Für das Königreich Italien spricht man von einer ‹Straßenrevolution› für das 13. Jahrhundert.

Auch wenn sie in Wechselbeziehungen mit den übrigen Monarchen agierten, fehlten den römisch-deutschen Herrschern für ein nachhaltiges Engagement außerhalb der eigenen Grenzen Kraft und Interesse. Gegenüber den ostmitteleuropäischen Staaten begnügte sich das Reich während des frühen und hohen Mittelalters mit Formen loser Abhängigkeit. Ein halbselbstständiges Glied des Reiches war Böhmen seit der Zeit der ersten

Ottonen. Umgekehrt bildete das Reich in der Mitte Europas für die anderen eine neutrale Zone, die ihnen den Ambitionen im eigenen Umkreis nachzugehen erlaubte. Die politischen Grenzen waren hier in starker Bewegung, und immer wieder gab es Bestrebungen, mit und ohne Anleihen an der Kaiseridee die eigenen Herrschaften zu größeren Bündnissen oder gar Reichen auszudehnen.

Die dynamischste Region der lateinischen Welt war der Westen mit Frankreich und England, der noch die keltischen Völker einschloss oder doch berührte: Bretonen und Waliser, Iren und Schotten. Als besonders folgenschwerer Vorgang erwies sich die Invasion Englands durch den normannischen Herzog Wilhelm im Jahr 1066. Damals entstand das ‹anglonormannische Reich›, das 1154 durch Heiratsverbindungen zum ‹angevinischen Reich› erweitert wurde; auf dem Höhepunkt seiner Ausdehnung reichte diese supragentile Herrschaft von der Grenze Schottlands im Norden bis zu den christlichen Reichen in Spanien. Auch Wales und Irland gerieten in langgestreckten Prozessen in Abhängigkeit von dem Reich, während die Schotten auf Dauer ihre Unabhängigkeit bewahrten. Obgleich das anglonormannisch-angevinische Reich kein Einheitsstaat war, sondern im Wesentlichen auf einer fürstlichen Personalunion beruhte, hat es die politische und kulturelle Geschichte der beteiligten Völker nachhaltig geprägt. In England sind die Könige vom Kontinent als Fremdherrschaft empfunden worden. Schon Wilhelm I. hatte die angelsächsische Führungsschicht in ‹Kirche› und ‹Welt› vollständig durch Normannen ersetzt. Im Gottesdienst wurde die Volkssprache untersagt, und wenn das Französische auch das Englische zunächst nicht ganz verdrängen konnte, sank dieses doch zur reinen Alltagssprache ab. Die Anjou wurden zunächst nicht im gleichen Maße als Eindringlinge empfunden wie ihre normannischen Vorgänger, bis sich die Gegensätze wieder verschärften. Die Ausbildung einer englischen Identität wurde im Konflikt mit dem Königtum durch die diesem abgerungene ‹Magna Carta› von 1215 und die ‹commun de Engletere› von 1258 gefördert. In Frankreich verkörperte umgekehrt die Monarchie die Einheit des Landes, die aber unter dem Druck einer Reihe partikularer Fürstenherrschaften und eben der angevinischen Könige von Marginalisierung bedroht wurde. Dem Kapetinger Philipp II. August (1180–1223) gelang es, eine Trendwende einzuleiten, den englischen König durch Gerichtsurteil und auf dem Schlachtfeld zurückzudrängen, die Staatseinnahmen zu steigern und Paris zur Hauptstadt auszubauen. Trotzdem dauerte es noch bis 1450/1453, bis die Entflechtung der französischen und englischen Monarchien vollzogen war.

In Spanien spielte die Kaiseridee bei Versuchen zur Bildung größerer Reiche eine beachtliche Rolle. Die Iberische Halbinsel schien ja schon geographisch wie für eine staatliche Einheit geschaffen. Im Reich der Westgoten stand zwar bis 589 der Gegensatz zwischen hispanoromanischen Katholiken und germanischen Arianern der inneren Einheit entgegen, aber die Könige orientierten sich in ungewöhnlichem Maße am Vorbild des Römischen Reiches und eiferten dem byzantinischen Kaisertum nach. Befangen im unitarisch-katholischen Denken prägte der Bischof Isidor von Sevilla (gest. 636) das Wort von der ‹Monarchie ganz Spaniens›. Tatsächlich wurde die Halbinsel aber Anfang des 8. Jahrhunderts weitgehend von Muslimen erobert, und wenn auch wenig später schon die Neubildung christlicher Reiche einsetzte, die sich um die Rückeroberung des Landes bemühten, so gab es im Mittelalter doch niemals eine königliche Gesamtherrschaft. Die verschiedenen Grafschaften und Königreiche wurden wiederholt herrschaftlich verbunden und wieder voneinander gelöst. Die Antriebe und Ansprüche, die sich mit solchen Einigungsversuchen verbanden, kamen in ambitionierten Selbstbezeichnungen zum Ausdruck. So führte der bedeutende Alfons VI. von Kastilien-León, der den Muslimen die alte christliche Hauptstadt Toledo wieder abnahm (1085), ein ganzes Ensemble von imperialen Titeln: ‹Kaiser von ganz Spanien; Alfons, der über alle Völker Spaniens erhabene Kaiser› usw. Auch wenn solche Intitulationes übertrieben waren und ihnen allenfalls eine begrenzte Wirklichkeit entsprach, sind sie ein Zeugnis für das ‹Streben nach der weiteren Welt›, wie es das globale Denken kennzeichnet.

In Skandinavien versuchte Knut, der Sohn des Dänenkönigs Sven Gabelbart, eine transmarine Reichsbildung; er vereinte England und Dänemark unter seiner Herrschaft, griff nach dem Vorbild seines Vaters auch nach Norwegen aus und beanspruchte die Hoheit über Schweden. 1027 wohnte Knut ‹der Große› der Kaiserkrönung Konrads II. in Rom bei und nannte sich am Ende desselben Jahres ‹König aller Engländer, Dänen, Norweger und teilweise der Schweden›. Noch vor seinem Tod (1035) brach sein ‹Nordseeimperium› allerdings zusammen. Ein anderer dänischer Ausgriff über das Meer, diesmal die Ostsee, galt 1219 der Eroberung Estlands, dessen Bistum in Tallinn kurz darauf dem Erzbistum Lund unterstellt wurde. Der dänischen Staatsbildung folgten bis Ende des 12. Jahrhunderts Norwegen und Schweden. Aus gelegentlichem Austausch ihrer Herrscher entwickelte sich seit etwa 1250 eine Tendenz zur verstärkten innerskandinavischen Vernetzung; jahrhundertelang deutete viel auf eine Reichsbildung aus mehreren Völkern und Nationen hin. Politische Unionen zwischen zwei oder allen drei Reichen seit 1319, die noch im 15. Jahrhundert mehrfach erneuert wurden, erzeugten im Laufe der Zeit einen ‹aristokratischen Skandinavismus› (J. E. Olesen).

In Ostmitteleuropa, also den lateinchristlichen Regionen zwischen Baltikum und Adria, dominierten drei königliche Sippen bis Anfang des 14. Jahrhunderts die Völker der Böhmen, Polen und Ungarn. Nach ihrem Aussterben verbanden bis zum Beginn der Neuzeit europaweit agierende Könige Länder und Herrschaften so in Personalunionen, dass sich die pränationalen Grenzen verwischten. Besonders gilt dies für einen Zweig der Anjou, der sich als Erbe der Staufer in Süditalien etabliert hatte und nun bis Ungarn ausgriff. Als der aus Neapel herbeigerufene Karl I. Robert hier die Herrschaft erlangt hatte, betonte er wie der Papst seine ‹plenitudo potestatis› (‹Fülle der Gewalt›). Sein Sohn Ludwig I. ‹der Große› (1342–1382) zog von Ungarn nach Neapel, nahm dort den Titel eines Königs von Sizilien und Jerusalem an, scheiterte aber mit dem Vorhaben, die weit auseinanderliegenden und unterschiedlich strukturierten Länder in Mittel- und Südeuropa miteinander zu vereinen. Dafür gelang ihm die Personalunion mit dem polnischen Königreich. Durch die Heirat seiner Tochter Hadwig mit Jagiełło von Litauen wurde nicht nur dessen Volk endgültig christianisiert, sondern auch eine Union geschlossen, die jahrhundertelang Bestand hatte. Das Geschlecht der Luxemburger, das gleichzeitig in Ungarn an die Stelle der Anjou trat, und dann die Habsburger vereinten im ausgehenden Mittelalter wiederholt die böhmische, ungarische, deutsche, burgundische und italische Kronen in ihrer Hand. Auf dieser Grundlage gelang es dem Habsburger Karl V. in nachmittelalterlicher Zeit, erstmals von europäischem Boden aus eine Herrschaft zu errichten, der man die Kategorie des ‹Weltreichs› zugeschrieben hat.

Hinter der Expansion des Kirchenwesens und der christlichen Königreiche in Europa blieben die Muslime weit zurück. Ein früher Kristallisationspunkt für den Islam im Osten scheint das nomadische Turkvolk der Chazaren gewesen zu sein, das sich um die Mitte des 6. Jahrhunderts in Daghestan am Kaukasus festsetzte. Eine von Arabern erzwungene Konversion von 737 hatte zwar keinen Bestand, dann aber könnten muslimische Söldner aus Choresmien den Glauben verbreitet haben. Die Führungsschicht der Chazaren nahm allerdings das Judentum an. Das erste turksprachige Volk, das sich wohl im Ganzen zum Islam bekehrte, wurden die Bulgaren an der Wolga. In der Hauptstadt ihres Reiches am Zusammenfluss von Wolga und Kama langte 922 ein Bote aus Bagdad an und traf einen König, der offenbar gerade Muslim geworden war oder dies beabsichtigte; dieser sollte sich jetzt dem Kalifen unterstellen. Die Lage an den Handelswegen zwischen Osteuropa beziehungsweise der Rus' im Norden und dem Chazarenreich und dem Kalifat im Süden spricht dafür, dass es Kaufleute gewesen sind, die die ‹Bulgaren› mit der Lehre Mohammeds vertraut gemacht hatten. Das Reich bestand bis 1236.

Auch zu den Ungarn gehörten Muslime türkischer Herkunft, die diesen Glauben wohl erst auf ihren Wanderungen oder in Europa selbst angenommen hatten. Der muslimische Bevölkerungsanteil lässt sich allerdings kaum quantifizieren. Ein arabischer Reiseschriftsteller berichtet immerhin, dass König Geza II.

(1141–1162) die Leistungen muslimischer Kämpfer bei seinen militärischen Auseinandersetzungen mit dem byzantinischen Kaiser schätzte. Andererseits hatten die ungarischen Muslime so lange unter Christen isoliert von ihren übrigen Glaubensgenossen gelebt, dass der Autor ihnen erst wieder Gebote und Rituale ihrer Religion nahebringen musste. Unter Karl Robert von Anjou mussten sie Ungarn verlassen oder sich taufen lassen. Trotzdem überlebten einige von ihnen im Lande bis 1341.

Viel bedeutender als im Osten Europas waren während des Frühmittelalters die Erfolge des Islam in Spanien und in Italien. Im Jahr 711 setzten muslimische Truppen über die Wasserstraße zwischen Atlantik und Mittelmeer, besiegten den westgotischen König und nahmen innerhalb von nur fünf Jahren fast die ganze Iberische Halbinsel ein. Vorstöße über die Pyrenäen nach Norden blieben Episode, und auch in Spanien selbst hielt sich ein christliches Rückzugsgebiet, das sich als Ausgangspunkt der ‹Reconquista› erweisen sollte. Bis 741 lösten sich in ‹al-Andalus› verschiedene Statthalter ab, bevor wenige Jahre darauf ein Abkömmling der Omaijaden von Damaskus eine bis 1031 reichende Herrscherreihe begründete. In dem Emirat wurden die Christen nicht verfolgt; sie hatten die Kopfsteuer zu zahlen und mussten sich bei ihren liturgischen Prozessionen einschränken. Allerdings konnten sie keine bedeutenden Aufgaben in der staatlichen Verwaltung übernehmen. Die überwiegende Mehrheit der Christen adaptierte zunächst Sprache und Kleidungsgewohnheiten der neuen Herren. Die Konversionen zum Islam nahmen stärker erst seit der zweiten Hälfte des 9. Jahrhunderts zu. Um 900 soll ein Viertel der Bevölkerung muslimisch geworden sein, bevor die Bekehrtenrate ohne gezielte Einwirkungen von außen in einem sich selbst verstärkenden Prozess bis um 1100 auf 80% angestiegen sei.

Anfangs dürften die Steuereinnahmen von Christen und Juden den größten Teil des Staatsbudgets ausgemacht haben. Zentrum des Emirats war Cordoba. Nach einer Reihe schwacher Herrscher gelang Abd ar-Rahman III. (912–961) eine Wende zum Besseren. Zur Stabilisierung seiner Herrschaft, und um unabhängiger von arabischem Militär zu werden, stützte er sich auf weiße Sklaven, zumeist wohl Slawen, die unter den Ottonen bei den Heidenkämpfen an ihrer Ostgrenze gefangengenommen worden waren. Zur Finanzierung der Sklavenkäufe und zur Sanierung der Staatsfinanzen führte der Emir jeden Sommer Kriegs- und Beutezüge gegen die Christen im Norden Spaniens durch. 929 proklamierte er sich selbst zum Kalifen, ohne daraus universale Ambitionen abzuleiten. Seinen persönlichen Aktionsradius beschränkte er seit 939 auf Cordoba selbst und errichtete in der Umgebung seiner Hauptstadt eine Residenz, in der sich höfisches Leben mit glanzvoller Repräsentation, Dichtkunst und Gelehrsamkeit entfaltete. Statt auf den Krieg verlegte er sich auf die Diplomatie. Unter Abd ar-Rahmans Nachfolgern glitt der Staat jedoch wieder in die typische Fragmentierung ab, die die Iberische Halbinsel schon unter den Westgoten gekennzeichnet hatte. 1031 brach das Kalifat auseinander und wurde durch eine Reihe von Kleinreichen mit städtischen Zentren abgelöst. Unter den Herrschern dieser ‹Taifenreiche› lassen sich Berberdynastien und Häuser arabischer Herkunft von slawischen Fürsten vor allem an der Ostküste unterscheiden. Die Taifenherrscher mussten den christlichen Königen des Landes Tribute in erheblichem Umfang leisten. Obwohl den Muslimen 1085 Toledo verlorenging, glückte schon im folgenden Jahr Berbern aus Afrika ein entscheidender Gegenschlag. Als Durchbruch zugunsten der Christen gilt deshalb erst ein Schlachtensieg von 1212 unter Führung des Königs von Kastilien, der auch durch französische Kreuzfahrer unterstützt wurde. In den folgenden vierzig Jahren wurde der größte Teil von al-Andalus unterworfen, darunter Cordoba und Sevilla. Die Vollendung der Reconquista war in den letzten Jahrhunderten des Mittelalters noch erschwert durch Probleme der Wiederbesiedlung, politische und militärische Konflikte der Reiche im Innern und nach außen, aber auch durch die Unterstützung der letzten muslimischen Bastion Granada durch nordafrikanische Glaubensbrüder. Dazu kam die Pest von 1348. Erst die Heirat der Infantin Isabella von Kastilien mit Ferdinand, dem Thronfolger von Aragon, 1469 setzte die Kräfte frei zum finalen Angriff; der letzte Herrscher von Granada kapitulierte 1492 und ging nach Fez ins Exil.

Weniger umfangreich und dauerhaft als in Spanien waren die muslimischen Herrschaftsbildungen in Sizilien und Unteritalien. Die große Insel konnte wiederum von Afrika aus erobert werden (831–902), während andere Muslime, vielleicht aus Kreta, in Tarent und Bari kurzlebige Herrschaften errichteten. 846 suchten ‹Sarazenen› sogar Rom heim, plünderten den Vatikan und zerstörten die Basilika Sankt Paul vor den Mauern. Muslimischen Statthaltern und, seit 970, Emiren gelang auf Sizilien nur allmählich die Islamisierung. Abu l'Qasim begann auch in Kalabrien, feste Burgen anzulegen, und löste damit einen Kriegszug Ottos II. nach Apulien aus (981). Der Kaiser des Westens unterlag in der Schlacht, aber Abu l'Qasim selbst fiel. Seine Erben setzten die Angriffe auf dem Festland noch eine Weile fort. Die Bürokratie des Staates trieb genügend Steuern ein, um die Militäraktionen und eine aufwändige Hofhaltung in Palermo zu finanzieren. In den 1040er Jahren misslang auch einer byzantinischen Flotte die Rückeroberung der Insel. Erfolg hatten damit erst normannische Warlords zwischen 1072 und 1091. Die Kultur der Araber prägte aber noch die neuen christlichen Herren. Die Residenz König Wilhelms II. von Sizilien wurde von einem hohen Beamten aus al-Andalus, der hier auf dem Hadsch Station machte, mit orientalischen Höfen verglichen (1183/1185). Auch der staufische Erbe der Normannen, Friedrich II., wurde am Königshof von Palermo durch arabische Gelehrsamkeit und Hofkultur geprägt. Erst nachdem er in Rom zum Kaiser erhoben worden war und auch die Krone des Königreichs Jerusalem erworben hatte (1220/1229), wandelte sich Friedrich zum autokratischen Herrscher, der die Muslime von der Insel vertrieb. Viele von ihnen ließ er auf dem Festland in Lucera bei seiner Residenz Foggia ansiedeln. Sein später Nachfolger Karl II. von Anjou hat diese letzte muslimische Kolonie 1300 vernichtet.

Reiche werden nicht nur durch die Unterwerfung von Nachbarn und die Eroberung seines Territoriums gebildet, sondern können auch durch die Besetzung ferner Länder und die Bildung von Kolonien entstehen. Beachtliche Versuche dieser Art unternahmen christliche Monarchen und Ritter aus Europa im Zuge der Kreuzzugsbewegung im ostmediterranen Raum. Diese wurde ausgelöst, als türkische Muslime 1092 ein Sultanat unweit von Konstantinopel errichtet hatten und Kaiser Alexios I. den Papst auf einer Synode im März 1095 um Militärhilfe bitten ließ. Schon der Erste Kreuzzug (1096–1099) unter Leitung des Herzogs von Niederlothringen führte zur Einnahme von Jerusalem und Bildung einer Reihe von lateinischen Staaten zwischen Armenien und dem Golf von Akaba. Das teilweise brutale Morden der Kreuzzügler selbst vergiftete das Verhältnis von Christen und Muslimen auf Jahrhunderte. Keineswegs alle Herren und Ritter blieben in der Levante, so dass immer neue Migranten das lateinische Königreich von Jerusalem und die anderen Fürstentümer und Grafschaften absichern mussten. Nach muslimischen Erfolgen und neuen Gegenzügen verloren die Christen 1287 Tripolis und 1291 Akkon, und wenn dies auch nicht das Ende der Kreuzzugsbewegung selbst bedeutete, so waren doch die christlichen Staaten in Syrien und Palästina seither beseitigt.

Staatenbildend waren die Kreuzzüge indessen auch auf dem Boden des byzantinischen Reiches selbst gewesen. Der Vierte Zug (1202–1204) führte die Kreuzfahrer nämlich gar nicht ins Heilige Land, sondern veranlasste sie auf Drängen Venedigs, das die Flotte stellte, zur Belagerung und Einnahme von Konstantinopel. Die ersten neu errichteten westlichen Staaten, das Lateinische Kaiserreich von Konstantinopel und das Königreich Thessaloniki, konnten sich aber nicht lange halten und fielen den Griechen 1224 beziehungsweise 1261 zum Opfer. Andere wurden erst im 15. Jahrhundert zurückerobert.

Aus einer Reihe von griechischen Teilherrschern setzte sich der Kaiser von Nikaia (Nicäa) durch und begründete die letzte byzantinische Dynastie der Palaiologen (1261–1453). Sein Erfolg bedeutete keine Rückkehr zum Zentralstaat, da verschiedene christliche Herrschaften miteinander konkurrierten. Als entscheidender Gegner erwiesen sich islamisierte Türken aus Anatolien. Dem Führer eines ‹beyliks› (Fürstentums), Osman, gelang es, die ländlichen Gebiete in Bithynien am Marmarameer unter seine Herrschaft zu bringen (gest. 1324). Sein Sohn Orhan eroberte die Feste Bursa, die er zur ersten Hauptstadt seines Reiches machte, und setzte 1346 nach Thrakien über. Das war der Auftakt zur Eroberung des Balkans und zur triumphalen Einnahme der Kaiserstadt Konstantinopel durch Mehmed II. 1453. Nicht von Arabien, Syrien oder Ägypten aus, sondern durch ursprüngliche Hirtennomaden innerasiatischer Herkunft gelang dem Islam gegen Ende des mittelalterlichen Jahrtausends sein spektakulärster Erfolg gegen die Christen. Mehmed ‹der Eroberer› beseitigte auf dem Balkan noch andere christliche Reiche, teilweise gegen erbitterten Widerstand. Serbien unterwarf er 1459, Bosnien 1461, die Walachei 1476, Albanien 1479. Unter seinen Nachfolgern gelang es Süleyman ‹dem Prächtigen› (1520–1566), Belgrad und die Insel Rhodos einzunehmen und die Ungarn entscheidend zu schlagen, er scheiterte aber vor Wien. Seinem Vater Selim war schon die Einnahme von Kairo gelungen (1517). Emire und Scheichs von Mekka erkannten die Osmanen als Verteidiger der Heiligen Stätten und als ‹Schützer des Islam› an.

Die quantitative Verteilung der Glaubensbekenntnisse im Osmanischen Reich ist nur punktuell zu ermitteln und im Übrigen schwer zu schätzen. Nach einem unvollständigen Zensus von 1520/1530 ist ein Verhältnis von 19 % Muslimen, 80 % Christen und weniger als 1 % Juden errechnet worden. Sicher scheint zu sein, dass die Konversion zum Islam nur langsam voranschritt. Noch 1610 stellte beispielsweise der Erzbischof von Bar (Montenegro) fest, dass nur 10 % der Bevölkerung muslimisch geworden sei. Hier, im Norden Albaniens, das ja heute, abgesehen von der Türkei, der am stärksten muslimisch geprägte Staat auf dem Balkan ist (70 %), kam es erst im 17./18. Jahrhundert zu Massenübertritten.

In Afrika. In Ägypten ging die Geschichte Alexandrias als Stätte christlicher Lehre bis in apostolische Zeit zurück. Da es Hauptstadt einer römischen Provinz war, fanden seine Bischöfe schon im 3. Jahrhundert Anerkennung als Oberhäupter der frühen Christengemeinden ihrer Region. Auf dem Konzil von Nicäa 325 wurde Alexandria gleich nach Rom genannt und die Jurisdiktionsgewalt für Ägypten, Libyen und die Pentapolis (Cyrenaika) zugeschrieben. Der Bischof wurde ‹papas› genannt und erscheint um 540 als ‹Patriarch›. Nach der Kirchenspaltung im 5. Jahrhundert bildeten sich zwei Sukzedentenreihen heraus. Die einen werden mit ihrem Klerus und ihren Gläubigen ‹Melkiten›, also die ‹Königlichen›, genannt, die anderen nach der Volkssprache, die sie auch im Gottesdienst verwenden, ‹Kopten›. Die monophysitische Kirchenorganisation Ägyptens mit einem Dutzend Bischofssitzen führte sich auf den Syrer Jakob Baradai zurück, aber wichtiger war kurz darauf der Patriarch Petrus gewesen (gest. 577), der 60 bis 70 Bistümer geschaffen hat.

Auch an der Mittelmeerküste Afrikas hatte sich das Christentum mit dem römischen Imperium verbreitet. Woher die ersten Glaubensboten gekommen waren, ist unklar; Rom ist ebenso eine Möglichkeit wie der Osten. Die Diffusion der neuen Lehre scheint dann sehr dynamisch erfolgt zu sein; für die Wende vom 3. bis zum 4. Jahrhundert nimmt man bis zu 250 Bischofssitze an, rechnet aber hundert Jahre später schon mit rund 650 Sedes. Die große Anzahl scheint auch darauf zurückzugehen, dass es kaum Gemeindestrukturen auf dem Lande gegeben hat. An manchen Stellen überschritt die Mission unter der einheimischen Bevölkerung die Grenzen des Imperiums. Schwarzafrika bildete aber offenbar kein Ziel der Bekehrung. Mindestens seit dem Episkopat Cyprians (248–258) ist Karthago für Afrika zum Metropolitansitz geworden. Zumal sich die Christen auf keinen apostolischen Gründer berufen konnten, haben sie den Ehrenvorrang Roms stets anerkannt und die Verbindung mit dem Papst gehalten, ohne diesem indessen einen Lehrprimat einzuräumen. Nachdem die Katholiken unter vandalischer Herrschaft die Konkurrenz der Arianer überstanden hatten, gehörten sie wieder zum östlichen Kaiserreich.

Ägypten und Nordafrika wurden seit 641 von den Muslimen erobert. Bei der Einnahme Alexandrias übergab der melkitische Patriarch den Arabern die Stadt und wich nach Zypern aus, während sich der koptische Oberhirte dem arabischen Kommandanten zur Verfügung stellte. Von 650 an konnten er und seine Nachfolger in Alexandria residieren und die meisten Kirchengüter der Chalkedonier übernehmen. Anders als Ägypten fiel das christliche Nordafrika der muslimischen Expansion fast vollständig zum Opfer. Die Berber, die einheimische Bevölkerung in den nordafrikanischen Küstenstädten und im bergigen Hinterland, ließen sich schnell für den neuen Glauben gewinnen und verstärkten die arabischen Truppen. Den Byzantinern brachten die Kämpfer des Islam 647 eine schwere Niederlage bei und zogen Beute machend nach Sizilien. In Kairouan im heutigen Tunesien errichteten sie ein eigenes Herrschaftszentrum (670), bevor der Gouverneur von Nordafrika eine Generation später Karthago eroberte und Tunis als Basis für eine arabische Flotte errichtete. Die Einnahme des südlichen Mittelmeersaums wurde am Beginn des 8. Jahrhunderts vollendet. Die Entkirchlichung des Landes wurde auch durch den Zuzug arabischer Nomadenstämme gefördert. Von den vormals blühenden Bischofskirchen sind um die Jahrtausendwende nur noch 47 übriggeblieben, dann sank die Anzahl der Bistümer unter Papst Leo IX. (1049–1054) auf fünf ab. Um 1076 wandte sich sogar der muslimische Herrscher von Bougie in Mauretanien an Leos Nachfolger Gregor VII. mit der Bitte, einen Priester zum Bischof zu weihen; offenbar gab es in seinem Lande gar keine Prälaten mit Weihegewalt mehr.

In dem ausgedehnten Gebiet des antiken Imperium Romanum wurden im Mittelalter immer wieder größere oder kleinere muslimische Reiche errichtet; sie beruhten weniger auf territorialer Abgrenzung als auf der Herrschaft über Menschengruppen. Charakteristisch waren landfremde politische Führer und Söldner, die sich innerhalb der muslimischen ‹umma› weiträumig bewegten und auf der Pilgerfahrt zu den Heiligen Stätten in Arabien ihre Antriebe erhielten oder verstärkten. Untereinander waren sie oft nicht einig, mit Sunniten und Schiiten werden nur die bedeutendsten religiösen Gemeinschaften unterschieden. Mitte des 8. Jahrhunderts gründete im Nordwesten Afrikas ein Bund verschiedener Berberstämme, die Bargawata, ein Reich, das einer synkretistischen Lehre folgte. In Marokko entstand im Widerstand gegen das Kalifat der Stadtstaat Sidschilmasa. Errichtet in einer Oase zwischen Atlasgebirge und Wüste avancierte er für mehrere Jahrhunderte zum wichtigsten Umschlagplatz für den Handel mit den tropischen Zonen. Im Gegensatz zu dem sunnitisch geprägten Kairouan war Sidschilmasa ein Stützpunkt der Charidschiten. In Ifriqiya, den Küstenländern Algeriens und Tunesiens, gründete ein persischer Offizier, der ursprünglich durch den Kalifen von Bagdad entsandt worden war, das selbstständige Emirat der Aghlabiden (800–909); die Herrscher erkannten allerdings die Oberhoheit des Kalifen an. Mit ihrer Einnahme von Sizilien griffen Muslime durch die Aghlabiden zum zweiten Mal von Nordafrika aus nach Europa über, hier aber, im Unterschied zu Andalusien, mit dem Ziel einer transmediterranen Herrschaft. Sie wurden aus Nordafrika verdrängt durch die Fatimiden, die behaupteten, von Ali, dem Vetter Mohammeds, und von dessen Tochter Fatima abzustammen. Man bezeichnet sie als ‹ismailitische Schiiten›. Die Sektierer hatten erst nach Syrien und dann ins afrikanische Sidschilmasa fliehen müssen und proklamierten ihren Führer 910 in der Palaststadt Raqqada bei Kairouan zum Kalifen. Von Anfang an konnten sich die Fatimiden auf die Kutuma, bäuerlich-sesshafte Berber, stützen; dazu kamen im Laufe der Zeit Kriegssklaven meist slawischer Herkunft hinzu, die über die Adria nach Nordafrika exportiert worden waren. Das in Kairouan stationierte arabische Heer sunnitischer Zugehörigkeit war hingegen kein verlässlicher Partner. Noch vor Cordoba errichteten die Fatimiden ein eigenes Kalifat, das die Leitung der weltweiten Gemeinde auf Kosten der Sunniten in Bagdad übernehmen sollte. Die Fatimiden sannen auf territoriale Expansion nach Westen, dem Maghreb und auf Kosten der Omaijaden nach Spanien sowie gegen die byzantinischen Stellungen auf Sizilien und in Unteritalien, vor allem aber im Osten gegen Ägypten. Das Land am Nil war ein Tor zum Kalifensitz in Bagdad und ein Schlüssel zur Kontrolle der Pilgerziele in Mekka und Medina. Seit längerer Zeit stand Ägypten unter der Herrschaft türkischer Söldner, die unter nomineller Oberhoheit der Abbasiden eigene Dynastien ausgebildet hatten. Eine Schwächeperiode der politischen Führung nutzten die Fatimiden 969 aus und nahmen Ägypten ein; bei dem arabischen Lager Fustat entstand eine neue Palaststadt, Kairo.

Dafür entglitt den Fatimiden der Westen schon seit 972, endgültig seit 1051, zugunsten anderer (Statthalter-)Dynastien. Den religiös bewegten Almoraviden und Almohaden (1090/1147–1248) glückte sogar der territorialherrschaftliche Ausgriff auf die Iberische Halbinsel. Die Almoraviden waren zunächst eine missionarische Bewegung unter oberflächlich islamisierten Berberstämmen, die sich dann in ein kriegerisch expandierendes Emirat verwandelte. Bis zur Gründung der Hauptstadt Marrakesch wurden Marokko und Westalgerien unterworfen. Der Sieg über den König von Kastilien und León von 1086 wurde von vielen Muslimen in al-Andalus als Befreiung gefeiert. Mit Ausnahme Toledos und der Reiche von Valencia und Saragossa fiel ganz al-Andalus der afrikanischen Herrschaft der Almoraviden zu. Ihr Reich erstreckte sich in seiner größten Ausdehnung über 3000 Kilometer vom Ebro bis zum Senegal. Schon nach wenigen Jahrzehnten setzte sich aber die besonders asketische Bewegung der Almohaden durch, die im Sinne des Monotheismus eine strenge Auffassung von der Einheit und Eigenschaftslosigkeit Gottes vertrat. Bis 1148 wurde Marokko, bis 1172 auch der islamische Teil Spaniens von ihnen erobert. Über die vorangegangene Herrschaft hinaus ging die Einnahme von Ifriqiya und Tripolitanien im Osten, so dass zum ersten und einzigen Mal der ganze Maghreb politisch unter einem Herrscher berberischer Herkunft geeint war. Arabische Beduinen und die erstarkenden christlichen Reiche der Iberischen Halbinsel setzten den Almohaden aber zu. An deren Stelle traten in Afrika schließlich drei kleinere Berberreiche, die dann bis zum Ende des mittelalterlichen Jahrtausends und darüber hinaus bestehen blieben.

Nicht überall wurde der Islam in Afrika durch Krieg und Gewalt verbreitet. In der innerafrikanischen Sahelzone, also jenseits altrömischer Gebiete, be- oder entstand eine Reihe von Staaten, bei denen eher Kaufleute als Eroberer für die Konversion sorgten. In diesen Herrschaften begegneten sich weißhäutige, nomadisierende und viehzüchtende Berber mit sesshaften, Landwirtschaft treibenden Schwarzen. Tauschware waren Salzblöcke, die in der Wüste abgebaut wurden, gegen Getreide, Gold und Sklaven. Während den Transsaharahandel Kamelkarawanen bestritten, setzte in der Wüstensteppe der Gebrauch von Pferden und Eseln ein. Neuerdings häufen sich, bedingt vor allem durch archäologische Befunde, die Hinweise darauf, dass schon die Römer von der Mittelmeerküste aus mit Schwarzafrika in Handelsbeziehungen gestanden haben, aber es scheint festzustehen, dass der systematische Einsatz der genügsamen und leistungsfähigen Dromedare nicht weiter als bis in die ersten nachchristlichen Jahrhunderte zurückgeht. Die Anfänge der Reiche sind dunkel und umstritten; manche Historiker bestehen auf autochthonen Ursprüngen, andere Wissenschaftler glauben an Staatsgründer aus Assyrien im fernen Zweistromland oder Judäa-Syrien, wieder andere weisen Berbern aus dem Norden diese prominente Rolle zu. Gewiss hat jedenfalls die Staatenbildung in Innerafrika nicht mit den Muslimen begonnen, aber es sind Autoren dieser Religion, die die Bedeutung ihrer Glaubensgenossen für die Reiche bezeugen.

In der Sahelzone reihten sich entlang der Flüsse Senegal und Niger die Reiche Takrur, Ghana und Gao, später Mali und Songhai, sowie am Tschadsee Kanem-Bornu aneinander. Al-Yakubi, der älteste Schriftzeuge (870/890), betont den Vorrang einiger Staaten vor den anderen und weist dem bedeutenden Ghana nördlich des Senegal die Rolle als Produktionsstätte des Goldes zu. Tatsächlich lag das ‹Land des Goldes› südlich des Flusses und befand sich in der Hand nichtmuslimischer Schwarzer, die ihre Kenntnis der Minen geschickt zu verbergen wussten. Von hier wurde der Goldhandel in Richtung Sahara über Aoudaghost abgewickelt; das lag mehr als zehn Reisetage entfernt, wenn man ohne Gepäck unterwegs war. Nächste wichtige Station war Sidschilmasa.

Ghana bot am Ende des zweiten Drittels des 11. Jahrhunderts den muslimischen Händlern aus dem Norden ein großzügiges Quartier, war aber selbst noch nicht konvertiert. Anderswo, wie in den Stadtstaaten Takrur und Silla am Senegalfluss, war dies um 1040 schon geschehen, und zur selben Zeit, wenn nicht früher, hatte Gao den Islam angenommen. Nach der Beschreibung, die al-Bakri vom Glaubensübertritt des Königs von Malel gibt (1068), vollzog sich dieser friedlich und freiwillig. Aus dem Maghreb waren ins Land der Schwarzen regelrechte muslimische Missionare gekommen, Religionsgelehrte, nicht Händler also, die sich allerdings nur an den Herrscher und nicht an das einfache Volk wandten.

Die östlich von Ghana gelegenen Reiche Gao und Kanem profitierten in ähnlicher Weise vom Handel; Gao vertrieb auch Kupfer aus den Bergen des Aïr. Kanem war besonders für seinen Handel mit schwarzen Sklaven bekannt, der auf Gefangennahme im Krieg oder durch Razzien beruhte. Im 14. Jahrhundert gingen die Reste von Ghana in dem wesentlich größeren Mali auf. Gestützt auf seine Reitertruppen konnte dieser Staat u. a. die Städte Djenné und Timbuktu am mittleren Niger unter seine Kontrolle bringen. Die Herrscher von Mali wurden so reich, dass Mansa Musa Kankan auf einer berühmt gewordenen Pilgerreise nach Mekka 1324/1325 Unmengen von Gold verschenken konnte; der Preis des Edelmetalls in Ägypten und benachbarten Ländern brach ein.

Auch an der Ostküste des Kontinents expandierte der Islam offenbar weit über die Grenzen des alten Imperium Romanum nach Süden (‹Swahili coast›). In der Stadt Kilwa findet man noch heute die Überreste der (abgesehen von Timbuktu) größten mittelalterlichen Moschee. Kilwa selbst gehörte zu einer Kette von etwa 400 nachweisbaren Handelsstationen an der Frontlinie zum Indischen Ozean zwischen Mogadischu (Somalia) und der Sofala-Küste (Moçambique); diese Umschlagplätze standen ihrerseits mit doppelt so vielen Siedlungen im Landesinnern in Verbindung. Gehandelt wurde vornehmlich mit Elfenbein und mit Gold aus dem Land der Shona zwischen den Flüssen Limpopo und Sambesi, während Karneolperlen aus Indien und Kaurimuscheln von den Malediven Gegengaben aus der pazifischen Welt belegen.

Im muslimisch beherrschten Ägypten war das Kalifat der Fatimiden keineswegs unangefochten. Mitte des 11. Jahrhunderts wurde die ismailitisch-schiitische Dynastie von einer anderen aggressiven muslimischen Macht herausgefordert, den Seldschuken. Das waren nomadisierende Türken sunnitischer Observanz, die von Chorasan aus nach Westen vorgestoßen waren. 1055 ist es ihnen geglückt, Bagdad zu erobern, auf das vergeblich auch die Fatimiden ihre Hand gelegt hatten; der abbasidische Kalif ernannte den Führer der Seldschuken zum ‹Sultan›, das heißt zum bevollmächtigten Herrscher. Aus dessen Umkreis ging der Aijubide Saladin, ein Kurde, hervor, der 1171 die Fatimiden in Ägypten stürzte und die verhassten Schiiten vertrieb. Ein weiterer Umsturz 1250 brachte zwar keinen neuen Wechsel der ‹Konfession›, aber mit den Mamluken eine andere Herrschaftsform auf sunnitischer Grundlage. ‹Mamlūk›, ein arabisches Wort, bedeutet ‹zu eigen, in Besitz genommen› und wird zur Bezeichnung türkischer Kaufsklaven verwendet, die schon seit der Zeit der Abbasiden im Kalifat als Militärgardisten eingesetzt worden waren. Im 13. Jahrhundert hatte die Zahl der ‹Mamluken› stark zugenommen; sie stammten aus dem südlichen Russland. Einer ihrer Führer, Baibars, nutzte politische Wirren nach dem Tod des Sultans aus und riss 1260 selbst die Herrschaft an sich. Unter ihm und seinen Nachfolgern setzten die mamlukischen Offiziere die Rekrutierung weißer Kriegssklaven fort. Nur wer im Land der ‹Ungläubigen›, im ‹Land des Krieges›, geboren, versklavt, verkauft, kaserniert, zum Islam bekehrt, im Kriegshandwerk ausgebildet und schließlich freigelassen wurde, sollte in den Genuss von Privilegien und damit der Schlüsselstellungen im Sultanat bis zur Staatsführung selbst gelangen. Erblichkeit der Ämter war ausgeschlossen. Die Mamluken bildeten also keine Dynastien aus, sondern boten ehemaligen Sklaven östlicher Herkunft die Chance zu einem einzigartigen Aufstieg.

Die Mamluken waren strenggläubige Sunniten. Während noch die arabischen Eroberer das christliche Nubien verschont hatten, inkorporierten sie den Staat am oberen Nil ihrer Herrschaft (1276) und überschritten damit eine weitere Grenze der Römerzeit. Die Hauptstadt Dongola wurde 1323 besetzt. Trotzdem brach das kirchliche Leben nicht gleich zusammen; der Niedergang zog sich vielmehr bis zum Ende des Mittelalters hin. Das Reich der Mamluken selbst wurde durch die Osmanen überwunden (1517).

Das Schicksal der Christen unter muslimischer Herrschaft war der Papstkirche in Rom nicht gleichgültig, vor allem aber hoffte man dort auf eine Überwindung der Kirchenspaltungen. Innozenz III. korrespondierte mit dem melkitischen Patriarchen Nikolaus I., der seine Vertreter zum Vierten Laterankonzil entsandte (1215). Zwei Jahrzehnte später nahm der Prior der Dominikaner im Heiligen Land Beziehungen zum koptischen Patriarchen auf und ebnete der Kurie das Gespräch mit beiden ägyptischen Kirchen. Auch der Franziskaner Johannes von Monte Corvino überbrachte dem monophysitischen Oberhirten am Nil 1289 einen Brief Papst Nikolaus IV. Am Konzil von Florenz nahm der Melkitenpatriarch Philotheos persönlich teil; seine Gesandten unterzeichneten 1439 einen Akt zur Kirchenunion mit Rom. Als Vertreter des koptischen Patriarchen kam ein Abt Andreas nach Florenz und hielt dort eine Ansprache in arabischer Sprache; kurz darauf wurde auch die Einheit zwischen römischer und koptischer Kirche verkündet. Während die Melkiten den Unionsbeschluss bald wieder annullierten, hielten die Kopten daran fest. Nachdem die Christen in Ägypten schon vor der Jahrtausendwende gegenüber den Muslimen in die Minderheit geraten waren, gab es um 1500 hier nur noch eine kleine melkitische Gemeinde, denen eine ansehnliche Gemeinschaft von Kopten gegenüberstand.

In Asien. Die Verbreitung von Christentum und Kirchenwesen in Asien war fast ausschließlich das Verdienst der ‹Kirche des Ostens›. Diese entwickelte aus eigener Kraft eine ungeheure missionarische Aktivität und Reichweite. Noch vor Aufkommen des Islam wurde Indien in das Kirchensystem einbezogen und die Bekehrungsarbeit nach Zentralasien vorangetrieben. Im Jahr 635 erreichte der Nestorianer Alopen sogar die chinesische Hauptstadt Chang'an. Hier wie ebenso in der anderen Metropole Luoyang und weiteren Orten wurden schon im 7. Jahrhundert mit Unterstützung des Kaisers Klöster errichtet. Persische Kirchen säumten die Seidenstraße von Seleukia-Ktesiphon bis in den Fernen Osten über die Städte Merw und Samarkand sowie die Oasen Kocho im Gansu-Korridor und Dunhuang im Tarimbecken. Als die Araber 637 die persische Hauptstadt erobert hatten, erkannte der Kalif den Katholikos als Haupt und Schutzherrn aller Christen im überwundenen Perserreich an. Dessen Stellung wurde noch gestärkt, als die Abbasiden ihre Hauptstadt in Bagdad, also der Umgebung von Seleukia-Ktesiphon, errichteten und er seinen eigenen Sitz hierhin verlegte. Die Beseitigung der Grenze zwischen dem Sasanidenreich und den Römern/Byzantinern als ihren alten Rivalen öffnete der Kirche auch neue Optionen im Westen. So entstanden nestorianische Bistümer in Damaskus und Aleppo, Tarsus und Jerusalem, in Kairo, Alexandria und auf Zypern. Andererseits war den Christen die Mission unter Muslimen untersagt, was die persische Kirche umso mehr nach Zentral- und Ostasien verwies. In China regte sich bald Widerstand der einheimischen Religionen und ‹Weltanschauungen› gegen die Ausbreitung der christlichen Kirche. Kaiser Wuzong musste gegen sie vorgehen (843/845). Jetzt zeigte sich, dass es den Nestorianern kaum gelungen war, unter den Chinesen selbst Anhänger zu finden, sondern sich ihre Gläubigen meist aus anderen Reichsvölkern wie Iranern, Sogdiern, Türken und Uiguren rekrutierten. Im Unterschied zur Christianisierung Europas und auch Afrikas stand tiefgreifenden missionarischen Erfolgen der Christen auch entgegen, dass sie hier schon auf hochentwickelte Religionen trafen, die im Volk gut verankert waren. Der Sturz der liberalen Tang-Dynastie 907 führte geradezu zum Abbruch der Kontakte mit dem Patriarchen in Bagdad. Als der Katholikos um 960 sechs Mönche nach China entsandte, mussten diese schon feststellen, dass das Christentum im Lande erloschen war.

Gleichwohl konnten die Nestorianer in späteren Perioden des mittelalterlichen Jahrtausends noch einmal eine bedeutende Rolle in Ostasien spielen. Das lag daran, dass sie seit dem 11. Jahrhundert bei den Turk- und Mongolenvölkern Innerasiens erfolgreich Mission getrieben hatten. Auch in der Umgebung von Dschingis Khan (1206–1227) sind Nestorianer belegt. Der Mongolenherrscher nahm selbst eine ostkirchliche Christin zur Frau und verheiratete zwei seiner Söhne mit deren Schwestern. Diese Heiratspolitik wurde im Clan des großen Führers noch fortgesetzt. Neben den Herrscherinnen übte das persische Christentum über Minister und Offiziere beträchtlichen Einfluss im Großkhanat und dann im Kaisertum der Mongolen in China aus; allerdings heißt das nicht, dass die Herrscher und ihr Volk im Ganzen das Christentum angenommen hätten. Das Gleiche gilt für die Chinesen selbst, als sich die Kirche nach der mongolischen Eroberung Südchinas (1276–1279) weiter entfalten konnte.

Die mongolischen Vorstöße auch nach Westen hatten Europa und die lateinischen Christen in Unruhe versetzt. Papst Innozenz IV. und König Ludwig IX. von Frankreich ergriffen seit den 1240er Jahren Initiativen zu Kontakten mit den mongolischen Herrschern, machten damit aber auch den Nestorianern Konkurrenz. Der Missionar Johannes von Monte Corvino erreichte 1294 die damalige mongolische Hauptstadt Khanbaliq/Peking. Der Großkhan erlaubte ihm die Mission und ließ den Bau dreier Kirchen zu. Nach eigenem Zeugnis taufte Johannes 6000 Menschen; er übersetzte das Evangelium und den Psalter in die ‹tatarische Sprache›, das heißt ins Mongolische oder Uigurische. Papst Clemens V. ernannte ihn zum Erzbischof von Khanbaliq und Patriarchen des Ostens. Eine zweite katholische Diözese wurde in der Hafenstadt Zaiton (Quanzhou) eingerichtet. Johannes starb 1328, und als auch der dritte Bischof von Zaiton 1332 verschied, blieben beide Sitze ohne Nachfolger. Mit dem Sturz der Mongolenherrschaft 1368 erloschen Kult und Lehre der Christen, sei es der persischen, sei es der römischen Kirche, im ‹Reich der Mitte› zum zweiten Mal.

Die Christianisierung Asiens hatte sich darauf beschränken müssen, das Kirchenwesen bis nach China auszudehnen; die Mission war zwar zeitweise von fremdgläubigen Herrschern geduldet und manchmal sogar gefördert worden, aber nirgends war es gelungen, die großen Reiche für die Konversion zu gewinnen. Ganz andere Möglichkeiten öffneten sich die Muslime.

Auch sie drangen zwar vom Westen, also Arabien, Syrien und Persien, vor, kamen aber als Eroberer und gewannen immer wieder Fürsten und Herrscher für ihren Glauben; dieser konnte sich in den Gesellschaften von oben nach unten verbreiten. Von sesshaften Völkern herkommend, wurde der Islam vor allem von Nomaden, Türken und Mongolen, angenommen, die ihrerseits den alten Wegen ihrer Vorfahren und Vorgänger folgten und gen Westen zogen. So kehrte sich im Laufe des Mittelalters auch die Richtung der Islamisierung um.

Nach Einnahme der persischen Hauptstadt Ktesiphon am Tigris schoben sich die Araber schon unter Kalif Uthman weiter nach Chorasan vor und eroberten 651 die bedeutende Stadt Nischapur. Die Regionen rund um den Amudarya (Oxus) bildeten das natürliche Plateau für weitere Ausgriffe nach Choresmien zwischen Kaspischem Meer und Aralsee sowie nach Transoxanien mit Sogdien und dem Ferganatal. In Ostiran herrschten seit persischer Zeit lokale Dynastien, die nun von der arabischen Herrschaft abhängig wurden. Außer mit ihnen hatten sich die muslimischen Eroberer zunächst noch mit Chinesen und vordringenden Türk auseinanderzusetzen. 751 schlugen die Araber eine Schlacht am Fluss Talas (Kirgisistan/Kasachstan), die zwar unentschieden ausging, die Chinesen aber zum Rückzug bewegte. In Persien selbst trat der Islam schon im 8. Jahrhundert zunehmend an die Stelle des von den Sasaniden geförderten Zoroastrismus und anderer Religionen. Unter den Abbasiden nahm das Kalifat eine entschieden persische Färbung an; anders als ihre Vorgänger, die Omaijaden, die sich noch auf arabische Stammeskrieger gestützt hatten, rekrutierten die Abbasiden ihre Soldaten aus Chorasaniern und aus Waffensklaven der innerasiatischen Steppe. Arabische und nichtarabische Muslime wurden jetzt rechtlich gleichgestellt.

Eine der persischen Dynastien in Chorasan, die ihre lokale Herrschaft unter den Arabern behaupten konnten, waren die Tahiriden (821–873). Von ihrer Residenz in Nischapur aus wurde der Islam systematisch in die heidnischen Gebiete des Ostens verbreitet. Als letzte Herrscherfamilie iranischer Abstammung regierten in Transoxanien die Samaniden (892–999). Ihr

Ahnherr war schon im frühen 8. Jahrhundert zum Islam übergetreten. Im Dienst des Kalifen in verschiedenen Städten aufgestiegen, errangen sie nach dem Zusammenbruch der Tahiriden die Führung in der Region mit Buchara als Residenz. Trotz Anerkennung durch Bagdad entstand ein faktisch unabhängiges islamisches Reich. Als wichtigste Aufgabe sahen es die Samaniden an, die Grenze gegen die ‹heidnischen› Türken in der Steppe zu schützen. An ihrem Hof gelang eine kulturelle Synthese von iranischen und arabisch-islamischen Traditionen, die hoch einzuschätzen ist: «Damit wurde der Islam eine wirklich universale Religion und Kultur, offen für alle Menschen.» (M. Gronke)

Während sich die innere Auflösung des Kalifats seit dem frühen 10. Jahrhundert beschleunigte, wurden ihm von den Rändern her neue Kräfte zugeführt. Am wirkungsvollsten war hierbei die Familie der Bujiden aus der Landschaft Dailam am Südufer des Kaspischen Meeres; die Bujiden konnten sogar 945 nach Bagdad vorstoßen, die türkischen Garden in die Flucht schlagen und sich zu neuen Schutzherren des Kalifen machen. Hauptort ihrer Herrschaft blieb aber Schiras in der Provinz Fars. Als Schiiten gerieten die Bujiden indessen in religiösen Gegensatz zum Kalifen und der sunnitischen Bevölkerung von Bagdad. Der Abbaside stützte sich jetzt verstärkt auf türkische Verbündete und Söldner. In Chorasan begünstigten die Spannungen den Aufstieg der aus Afghanistan stammenden Ghaznawiden, die durch ihren Führer Mahmud 998 eine eigene Herrschaft schufen (bis 1189). Das war nicht nur das erste rechtlich selbstständige türkische Reich islamischen Glaubens, sondern leitete überhaupt die Ablösung der iranischen durch türkische Dynastien ein. Auf Kosten der Samaniden setzten sich in Transoxanien etwa zur gleichen Zeit die ebenfalls turkstämmigen Karahaniden durch. Beide Reiche waren am Oxus voneinander geschieden.

Um 985 hatten hier auch Seldschuk und seine Familie, sicher unter dem Einfluss von Händlern und Wanderpredigern, den sunnitischen Islam angenommen. Seldschuks Nachfolger Togrilbeg nahm 1037 Nischapur ein und führte seine kriegerische

Nomadenschar, aber auch Viehzüchter auf der Suche nach guter Weide für ihre Tiere, nach Irak und vertrieb die schiitischen Bujiden. Er behauptete sich auch gegen die Fatimiden aus Äygypten. In den nächsten Jahren gelang den Seldschuken nicht nur die Einnahme von Aleppo, Jerusalem und Damaskus, sondern auch von Kleinasien, was ihre arabischen Glaubensbrüder vergeblich versucht hatten. Unter Malikschah (reg. 1072–1092) dehnte sich das Seldschukenreich zeitweise so weit aus, dass es von der Westgrenze Chinas bis Ostanatolien, Syrien und Arabien reichte.

Die islamische Reichsbildung im Ganzen vollzog sich allerdings nicht nur auf Kosten des alten Persien und in Auseinandersetzung mit den aus der asiatischen Steppe vordringenden Türken, sondern sie schloss auch Teile von Südasien ein. Syrische Kaufleute hatten hier vorgearbeitet und waren im 7. Jahrhundert im Indusdelta. Ein arabisches Heer griff 644 zum ersten Mal die Küste von Makran an; 712 wurde die wichtige Region Sind erobert, die fortan als Ausgangsbasis für den islamischen Handel mit Indien diente. Als Mahmud von Ghazna 1010 die Stadt Multan am Rande des Panjab einnahm, geriet Sind in die Gewalt türkischer Muslime von Norden her. Unter den Ghaznawiden, also bis Ende des 12. Jahrhunderts, wurde die Herrschaft über die östlich von Sind gelegene Region ‹al-Hind› mit einer forcierten Islamisierung verbunden. Es waren wiederum die erfolgreichen Vorstöße der konkurrierenden Seldschuken, die sich einer weiteren Ausdehnung ghaznawidischer Herrschaft im Panjab und im Ganges/Yamuna-Gebiet in den Weg stellten.

Seit der zweiten Hälfte des 12. Jahrhunderts wurden die Ghaznawiden durch die Ghuriden aus dem Herzland Afghanistans abgelöst. Sie waren persischer, nicht türkischer Abkunft, und keine Nomaden, sondern überwiegend Ackerbauern. 1193 eroberten sie Delhi und schufen bald darauf ein muslimisches Sultanat. Man darf sich allerdings nicht vorstellen, dass Indien oder das Sultanat auch nur annähernd islamisch durchdrungen wurden. Die Muslime bildeten nämlich in Südasien nur eine schmale Führungsschicht. Sie wird auf einige zehntausend Menschen geschätzt und stand einer weitgehend hinduistischen Gesellschaft von vielleicht 70 Millionen gegenüber.

Eine ambivalente Rolle spielten die Mongolen in der Geschichte des Islam. Einerseits griff Dschingis Khan selbst schon 1219 das Reich von Choresmien an, das an die Stelle der Seldschuken getreten war, und suchte die Städte des Westens rücksichtslos heim. Andererseits schonte er in Samarkand die Imame und Gelehrte, von denen sich viele als Beamte seiner Reichsverwaltung und gelehrte Berater seiner Regierung anboten. Vor allem förderte er den muslimischen Handel. Die Khanate, in die das mongolische Riesenreich eingeteilt wurde, waren in unterschiedlichem Maße vom Islam geprägt. Die geringste Rolle spielte die monotheistische Religion im wichtigsten Teilreich des Großkhans, wo der Buddhismus dominierte. Im Ilkhanat von Persien, das sich über führende altislamische Gebiete erstreckte, bekehrte sich Ghazan Khan (1295–1305) als erster zum Glauben seiner Untertanen. Vorher hatte sich schon Khan Berke in der Goldenen Horde mit der christlichen Rus' dem Islam angeschlossen (1257), aber dieser Glaube setzte sich hier erst unter Özbeg (1313–1341) breiter durch. In Tschagatei, dem vierten Khanat, nahm Khan Tarmashirin (1331–1334) den Islam an, konnte aber seine Gefolgsleute nicht für diese Konversion gewinnen. Sein Reich zerbrach und machte mehreren kleinen türkischen Staaten Platz. Als Timur der Lahme (Tamerlan, 1336–1405) das Erbe der Dschingisiden in Zentralasien antrat, eroberte er Persien, besiegte den Khan der Goldenen Horde, zog erfolgreich gegen das Sultanat von Delhi und zerstörte Bagdad. Trotzdem betonte er seine starke Bindung an den Islam und förderte sufische Derwische an seinem Hof. Er versuchte auch die Transformation seines nomadischen Gemeinwesens in ein «Staatswesen auf der Grundlage von persisch-islamischen Idealen» (M. E. Subtelny), war damit aber mäßig erfolgreich. Die Herrschaft seiner Erben zerfiel bis 1507.

1.3 Judentum – Transkontinentales Netzwerk ohne Staat

Ebenso wie Christentum und Islam wurzelte das Judentum im Vorderen Orient. Im Unterschied zu seinen monotheistischen Schwesterreligionen bildete es jedoch keine Monarchien oder Staaten aus, wenn man von einer peripheren Ausnahme absieht. Überragendes Kennzeichen der Juden in ihrer ganzen Geschichte sind ihre Mobilität und Migrationen sowie ihre Fähigkeit gewesen, trotz äußerst zerstreuter Ansiedlungen in Familien, Gruppen und lokalen Gemeinden so miteinander in Kontakt zu bleiben, dass sie als winzige Minderheit in andersgläubigen Mehrheitsgesellschaften überleben konnten. Im mittelalterlichen Jahrtausend bildeten sie ein schon im Altertum entstandenes trikontinentales Netzwerk fort, das einen Beitrag zur ökumenischen Kohärenz leistete. Begrenzt wurde diese Wirksamkeit durch ihre kleine Zahl.

Freiwillige Zerstreuung (‹Diaspora›) oder erzwungenes Exil (‹Galuth›) in fremden Ländern gingen schon in die frühe Zeit der Könige zurück (um 1000 v. u. Z.). Diese Periode endete mit der Unterwerfung Israels durch den babylonischen König Nebukadnezar II. 597/586, bei der auch der Salomonische Tempel zerstört wurde. Die dadurch ausgelösten Zerstreuungen führen zur ‹Babylonischen Gefangenschaft› eines großen Teils der Bevölkerung Judäas; ein Teil der Juden konnte sich nach Ägypten absetzen. Als die Perser das Zweistromland eroberten, verlor das Exil seinen Zwangscharakter; keineswegs kehrten damals alle Verbannten nach Israel zurück. Neben Palästina bildete deshalb Mesopotamien beziehungsweise der Irak einen Schwerpunkt jüdischen Lebens aus. Für die Diasporajuden blieb Jerusalem ein Ziel ihrer Pilgerschaften. Dorthin überwiesen sie regelmäßig einen halben Schekel für den Unterhalt des Tempels und der Stadt selbst. Nichts berechtigt aber zu der Annahme, dass sich die auswärtigen Juden nach einer Heimkehr ins ‹Gelobte Land› gesehnt hätten. Die jüdischen Herrscher und Hohenpriester genossen Ansehen über Judäa hinaus, ohne eine allgemeine Führerschaft auszuüben.

Nach zwei großen Niederlagen im Aufstand gegen die Römer 66/70 und 132/135 u. Z. verloren die Juden ihren eigenen Staat mit Jerusalem als religiösem und politischem Zentrum. Das jüdische Volk zerstreute sich mehr denn je, über Palästina, Syrien, das ganze Römische Reich und jenseits der Grenzen des Imperiums. In Europa siedelten sich Juden in den Städten Griechenlands und Makedoniens, auf den Ägäischen Inseln, in Thrakien und auf dem Balkan an; im Westen, wo es in Rom Juden schon seit dem ersten Jahrhundert v. u. Z. gegeben hatte, waren noch das übrige Italien mit Sizilien und Sardinien oder auch die Insel Malta ihr erstes Ziel, später kamen Spanien, Gallien und Germanien hinzu. Außerhalb des Reiches wurden ihre Niederlassungen in Armenien und an der Nordküste des Schwarzen Meeres wichtig.

In Palästina selbst endete mit der Zerstörung des zweiten Tempels 70 u. Z. das Amt des ersten Priesters; die Opfergottesdienste konnten nicht mehr abgehalten werden, weil sie an den Ort gebunden waren. Die Leitung des Volkes übernahm der Patriarch, aber wichtiger für den Zusammenhalt wurden die Einrichtungen von Synagoge, Rabbinat und Schrifttradition. Die stärkste gemeinsame Klammer war die ‹Tora›, die aus jenen fünf Büchern besteht, die Gott dem Moses auf dem Berg Sinai übergeben haben soll (‹Pentateuch›). Man verstand sie als ewige Gesetzgebung. Hinzu traten die mündlichen Erläuterungen Gottes an Moses, die seit Generationen weitergegeben worden waren (‹Halacha›). Bis um 500 wurde deren schriftliche Fassung, die ‹Mischna›, sowohl in Palästina als auch in Mesopotamien weiter kommentiert und mit dem schriftlichen Niederschlag dieser Diskussionen im ‹Talmud› zusammengefasst. Gegenüber dem etwas älteren palästinischen Werk dieser Art setzte sich dasjenige aus Babylon im frühen Mittelalter als normatives jüdisches Gesetzbuch für Europa, Vorderasien und Nordafrika durch. Als Haus der Toragelehrsamkeit fungierte die Synagoge; diese war zugleich Gebetsraum und allgemeiner Versammlungsplatz der Gemeinde. Daneben bestanden die hohen Religionsschulen (Yeschivot) mit großem Ansehen in Palästina und im Irak. Obgleich der Kanon der Überlieferungen die religiöse Praxis eng definierte, wurde niemals der Versuch unternommen, für die ganze Diaspora ein orthodoxes Judentum zu bestimmen. Der

Zusammenhalt wurde nach dem Verlust des Tempels allein durch die Berufung auf die gemeinsame religiöse Tradition gesichert. Dazu gehörten die Ablehnung jedes Götterbildnisses, die Treue zu Gott Jahwe, die Beachtung der Sabbatruhe, die Beschneidung bei Männern und bestimmte Speisetabus.

Im Laufe ihrer langen Geschichte bildeten sich allerdings, ähnlich wie im Christentum und Islam, verschiedene Glaubensrichtungen aus, was zu Konflikten führen konnte. Das einschneidendste Schisma verursachten die Karäer (Karaiten), von denen es bis heute mehrere zehntausend auf der Welt gibt. Ihre Gegner, die Rabbaniten, führten die Entstehung auf Babylon im 8. Jahrhundert zurück, während die Karaiten selbst ihre religiöse Praxis für die ursprüngliche Form des Judentums halten. Sie lehnen das mündliche Gesetz und seine Kodifikation ab und wollen sich ausschließlich auf die Überlieferung der Bibel stützen.

Im Mittelalter beschränkten sich die Differenzen zwischen jüdischen Gruppen im Übrigen auf liturgische Varianten; die Einheit des Judentums hat niemand in Frage gestellt. Die Gläubigen fühlten sich einander zugehörig, suchten und fanden ihresgleichen als Migranten und tauschten sich über große Entfernungen durch Boten und Briefe aus. Sie waren von der altorientalischen Kultur der Wohltätigkeit geprägt und entwickelten stets ein starkes Gefühl der Mitverantwortung für Brüder und Schwestern in Not. Wer von ihnen weite Reisen unternahm, konnte sicher sein, allenthalben bei Glaubensgenossen oder in der Synagoge Aufnahme und Fürsorglichkeit zu finden.

Das Leben in andersgläubigen Mehrheitsgesellschaften trug dazu bei, dass verschiedene jüdische Kulturen entstanden sind. Die Geschichtswissenschaft unterscheidet das orientalische Judentum im Mittleren Osten und Nordafrika nach ihrer spezifischen Lebensform von Aschkenas im westlichen Mitteleuropa und Sepharad in Spanien und Portugal, das sich später ins Osmanische Reich verlagerte. Die Juden im Reich von Byzanz wurden ‹Romanioten› genannt. Über die Kopfzahl und quantitative Verteilung der Juden lässt sich nicht viel Sicheres sagen. Konkrete Anhaltspunkte liefert der Reisebericht des aus Navarra stammenden Benjamin von Tudela. Nach seinen Angaben und ergänzenden Modellrechnungen wurde jüngst für die Zeit um das Jahr 1170 eine jüdische Gesamtpopulation von 1,2 Millionen Menschen ermittelt. Über 83% von ihnen werden in Asien lokalisiert, 6% in Afrika. Anders gesagt, lebten rund 90% der Juden unter muslimischer Herrschaft oder dominantem muslimischem Einfluss. Bis zum Ende des Mittelalters ging der asiatisch-afrikanische Anteil zugunsten der Juden unter vorwiegend christlichen Herrschaften signifikant zurück. Um 1490 hatte sich die Gesamtzahl der Juden nur schwach auf 1,3 Millionen erhöht, aber in Asien und Afrika siedelten nur noch etwas mehr als 50% von ihnen.

Die Schwerpunkte des Judentums in Asien verteilten sich auf Palästina, Irak und Iran. In Tiberias war der palästinische Talmud entstanden, hier wurde später mit der arabischen Übersetzung der Bibel begonnen und von hier gingen Boten bis Nordafrika und Spanien aus, um religiöse Streitfragen zu lösen. Bei den muslimischen Eroberungen des 7. Jahrhunderts geriet Palästina mit dem Zweistromland unter eine einzige Herrschaft, was den Austausch mit anderen Stätten der Gelehrsamkeit, aber auch Migrationen in beide Richtungen erleichterte. Der Exilarch, der weltliche Führer der Juden, der vorher unter sasanidischer Herrschaft gestanden hatte, siedelte sich in Bagdad, der Hauptstadt des Kalifats, an, und hierhin zogen auch die berühmten Yeschivot von Sura und Pumbedita um, die an der Entstehung des babylonischen Talmud mitgewirkt hatten. Dann veranlassten die Vorstöße der Seldschuken gegen die Abbasiden zahlreiche Juden zur Flucht aus dem Irak in den Westen. Um 1040 mussten die babylonischen Akademien zum ersten Mal für mehr als ein Jahrhundert schließen. Das begünstigte zwar die Schule von Jerusalem, aber bei der Eroberung der Heiligen Stadt durch die lateinischen Kreuzfahrer 1099 erlitt die jüdische Gemeinde dort schwere Verluste an Menschen. Diejenigen, die davongekommen waren, wurden bis zu den Städten Unteritaliens in die Verbannung geschickt oder flohen selbst, während die Gemeinden in Kairo und Alexandria Lösegeld zur Befreiung der Gefangenen aufbrachten. Andererseits gab es Zuzüge aus

Europa; so siedelten im Jahr 1211 allein dreihundert französische Rabbiner nach Akkon über. Als sich die Mamluken Ägyptens, Syriens und Palästinas bemächtigt hatten, gingen die jüdischen Migrationen aus Italien, Deutschland und Nordafrika ins Heilige Land weiter.

Iran östlich des Zweistromlandes hatte eine sehr alte jüdische Geschichte, die auf die Flucht vor Babylon im 6. Jahrhundert v. u. Z. zurückgehen soll. Die Vorstöße der Muslime mehr als tausend Jahre später stimulierten die Emigration erneut. Große Einwohnerzahlen, die Benjamin von Tudela für Ghazna (80 000) und Samarkand (50 000?) nennt, könnten auf Verbindungen oder Weiterzüge nach Indien und China deuten. An der Malabarküste soll schon um 1000 und dann im Jahr 1344 eine jüdische Gemeinschaft, sicher im Kern von Händlern, bestanden haben. Die Wege von Buchara und Samarkand führten bis Xinjiang, wo Grabinschriften auf jüdische Anwohner schließen lassen. In Kaifeng (Provinz Henan) siedelten Juden mindestens im 12. Jahrhundert; sie stammten wohl aus Chorasan.

Der außergewöhnliche Vorgang einer staatlichen Judaisierung von oben ereignete sich Mitte/Ende des 8. Jahrhunderts bei den Chazaren am Schwarzen und Kaspischen Meer. Da das Volk wichtige Handelswege zwischen der Rus' beziehungsweise Osteuropa, Byzanz und dem Kalifat kontrollierte, kam es darauf an, sich besonders gegen die Macht im Süden zu behaupten. Das war sicher der Hintergrund zur Annahme des Judentums, die auch Distanz zu den christlichen Nachbarn versprach. Das Reich der Chazaren wurde schon 965 durch die Rus' zerstört, die Herrschaft aber übernahmen Choresmier, die ihren muslimischen Glauben durchsetzten (977–983). Teile der jüdisch gebliebenen Chazaren sind vermutlich nach Ungarn, nach Halič-Volhynien oder in die Rus' ausgewichen, andere blieben auf der Halbinsel Krim zurück.

In Afrika folgte die Lage der Juden weithin der Geschichte islamischer Ausbreitung und politischer Verhältnisse. Ein Zentrum jüdischer Gelehrsamkeit wurde in Westalgerien Tiaret (Tahert), wo die Rustamiden ein häretisches Imamat gegründet hatten; in Fez, der Hauptstadt der Idrisiden (um 800), dominierten die Juden sogar die Stadtgesellschaft. Den Handelsrouten in die Wüste folgend, drangen Juden bis zu den Oasen vor. Die fatimidische Gründung al-Mahdiyya südlich von Tunis zog viele jüdische Händler an; das Ende ungestörten Lebens brachten die Almohaden (1160). Diese verfolgten die Juden brutal, erzwangen die Konversion, richteten ganze Gemeinden hin und zwangen die Davongekommenen, eine gelbe Kopfbedeckung zu tragen. Durch den Umzug der Fatimiden nach Ägypten öffnete sich das Land am Nil als Zuflucht für Juden nicht nur aus Nordafrika und dem Mittleren Osten, sondern auch aus Europa und dem byzantinischen Reich. Die Lage der Juden in Ägypten verschlechterte sich dann dramatisch unter den Mamluken. Trotzdem fanden sephardische Juden aus Spanien und Portugal am Ende des 15. Jahrhunderts hier eine Aufnahme, während sich auch in Tunesien unter den Hafsiden (1230–1574) und in Marokko unter den Meriniden (1248–1465) die Lebenslage der Juden wieder verbessert hatte.

Auch im Reich von Byzanz konzentrierten sich jüdische Siedlungen und Gemeinden auf die Städte. Besonders bedeutend waren die Karaiten, die sich endgültig nach der Zerstörung ihrer Gemeinden in Israel 1099 dorthin zurückzogen. In Italien darf man jüdische Kontinuität seit der Antike für Rom und Ravenna sowie u. a. für Bari und Otranto annehmen. Zuwanderer kamen aus Byzanz, aber auch aus dem muslimischen Nordafrika, aus Ägypten und dem Vorderen Orient. Im Laufe der Zeit blühten eigene Schulen auf, so in Lucca für Oberitalien, Venosa für Apulien, Oria für die langobardischen Herrschaften. Als sich die Anjou in Unteritalien festgesetzt hatten, übten sie einen starken Bekehrungsdruck zum Christenglauben aus, während die Herrschaft von Aragon auf Sizilien und Sardinien milder war; hierher wanderten auch Juden von Spanien ein. Das Ende des Judentums in Süditalien wurde durch Vertreibungsedikte Ferdinands des Katholischen, seit 1468 auch König von Sizilien, bewirkt beziehungsweise eingeleitet.

Im westlichen Europa hatten sich die Juden mit dem Römischen Reich verbreitet; allerdings fragt es sich, wie weit ihre Lebensräume von den Küsten des Mittelmeers nach Norden hinaufreichten und in welchem Maße ihre Gemeinden die Umbrüche der Völkerwanderungszeit überlebten. In Spanien belegen lateinische, griechische und hebräische Inschriften jüdische Präsenz zwischen dem 4. und 6. Jahrhundert. Die westgotischen Herrscher drängten die Juden nach ihrem eigenen Übertritt zum Katholizismus (586) zur Konversion. Nach der arabisch-berberischen Invasion der Halbinsel bildeten sie im omaijadischen Emirat eine kleine Gruppe in einem polyethnischen und multikulturellen Mix. Unter Herrschaft des Kalifen von Cordoba konnte ein Führer der Juden die Leitung der Staatsgeschäfte übernehmen und mit Joseph, dem jüdischen Herrscher der Chazaren (953), Kontakt aufnehmen. Der Nachweis eines eigenen jüdischen Staatswesens versetzte ihn in Euphorie und bestärkte seine Hoffnung auf die baldige Ankunft des Messias. Zur gleichen Zeit sind Juden auch in bedeutenden Städten wie Granada, Sevilla und Saragossa belegt. Mit den zunehmenden Spannungen zwischen Christen und Muslimen litten auch die Juden. 1066 ereignete sich in Granada ein erstes größeres Pogrom. Wiederum brachen die Almohaden mit der Duldung der Juden. Viele von diesen flohen in den christlichen Norden und trugen dort zur Blüte der Wissenschaft bei. Nach dem entscheidenden Sieg der Christen über die muslimischen Herrschaften von 1212 und der schrittweisen Reduktion von al-Andalus auf Granada verloren die Juden bis Ende des 15. Jahrhunderts ihre Bedeutung.

In Gallien gibt es nur für Arles, Narbonne und Marseille ausreichende Argumente für kontinuierliche Niederlassungen von Juden von der Antike ins frühe Mittelalter. Die eigentlichen Anfänge des jüdischen Lebens im nordwestlichen und mittleren Europa lagen im 9. und 10. Jahrhundert. Woher die jüdischen Einwanderer ins Karolingerreich nördlich der Alpen kamen, ist umstritten, viel spricht für Italien sowie, was die später deutschen Gebiete betrifft, für Süd- und Mittelfrankreich. Im 11. Jahrhundert waren die Juden im Machtbereich der französischen Monarchen sowie der Herzöge von der Normandie etabliert. Das kapetingische Frankreich stieg durch Aktivität bedeutender Gelehrter zum Zentrum für Bibelkunde und Talmudforschung auf. Rouen war mit 2000 bis 3000 Gemeindemitgliedern um die Jahrtausendwende die größte jüdische Ansiedlung. Als Wilhelm I. von der Normandie England eroberte, brachte er auch jüdische Siedler hierhin. Das war insofern eine bedeutende Grenzüberschreitung, als es Juden in England vorher nicht gegeben hatte. Ebenso wie die Elite der christlichen Neusiedler behielten die Juden ihre Wohnsitze jenseits des Kanals bei, darunter in Rouen. Diese unvollendete Migration hatte Anteil daran, dass die Juden kulturell nur oberflächlich einwurzelten und stets ‹französisch› geprägt blieben. Wie sonst auch auf dem nördlichen Kontinent nahmen die Juden auf der britischen Insel fast ausschließlich in Städten ihre Wohnsitze; bis Anfang des 13. Jahrhunderts sind 17 von ihnen namentlich bekannt, darunter Hereford, London und York. Von Rouen kamen 1079 zwar jüdische Kaufleute auch nach der Hafenstadt Limerick in Irland, nahmen in diesem Land aber offenbar kein dauerndes Quartier. Anders als die Expansion des Christentums hat die des Judentums in Nordeuropa auch Schottland und Skandinavien gar nicht erreicht.

Rouen scheint einer der Schauplätze gewesen zu sein, wo es nach dem Kreuzzugsaufruf Papst Urbans II. vom November 1095 zu ersten Ausbrüchen antijüdischer Gewalt gekommen ist. Obwohl sich die Kreuzzüge gegen die muslimische Herrschaft im Heiligen Land richteten, wurden sie von Anfang an von tödlichen Attacken gegen die Juden begleitet. Diese kamen in Frankreich seinerzeit zwar glimpflich davon, warnten aber noch vergeblich ihre Glaubensgeschwister im benachbarten römisch-deutschen Reich. Im Rheinland veranlassten Pogrome 1096 viele Juden zur Abwanderung, darunter nach England. Hier erhielten die Juden uneingeschränkte Freizügigkeit und im ganzen Land das Niederlassungsrecht; als Gegenleistung mussten sie sich verpflichten, dem Herrscher jeden geforderten Geldbetrag als Kredit zu gewähren. Mittelfristig nahmen aber auch hier die Bedrückungen zu. Seit 1144 wurde gegen sie der Vorwurf des Ritualmords an Christenkindern erhoben, so dass sich die Mehrheitsgesellschaft mit Mord und Totschlag wehren zu müssen glaubte. Bei Massakern im Zusammenhang mit dem

Dritten Kreuzzug 1189/1190 wurden rund 10% der englischen Judenschaft erschlagen. Als König Johann zwei Jahrzehnte später nach einem verlustreichen Feldzug in Irland den Juden eine ‹Bußleistung› von 60000 Mark auferlegte, kehrten viele von ihnen seinem Land den Rücken. Gegen Ende des 13. Jahrhunderts war klar, dass die Juden keine nennenswerten Steuerleistungen mehr aufbringen konnten; König Eduard I. verwies sie deshalb des Landes. Über 16000 Menschen sollen England Richtung Frankreich und Deutschland verlassen haben.

Um die Mitte des 12. Jahrhunderts hatten die Bedrängnisse der Juden in Frankreich ebenfalls zugenommen. König Philipp August ließ alle Juden von Paris einkerkern und erst nach Zahlung eines Lösegeldes wieder frei; 1182 vertrieb er sie aus seiner Krondomäne und konfiszierte ihre Immobilien. Als die Juden in Frankreich finanziell nicht mehr leistungsfähig waren, wurden sie wiederum vertrieben. Ein erster Ausweisungsbefehl datiert von 1306, ein zweiter, endgültiger, von 1394. Die französischen Juden wichen mehrheitlich nach Deutschland aus.

Im ostfränkisch-deutschen Reich hatten die sicheren Belege für jüdische Siedlungen erst Ende des 9. Jahrhunderts eingesetzt. Eine besonders wichtige Landschaft des Reiches war das mittlere Rheingebiet (Mainz, Worms, Speyer). Nach hebräischen Quellen sind hierher um die Jahrtausendwende bereits einige jüdische Familien aus Frankreich und Italien (Lucca) eingewandert. Am Beginn der Kreuzzugszeit wird die Gesamtzahl im Reich auf 20–50000 Menschen geschätzt. Die Blüte der Gemeinden wurde jäh durch Pogrome vom April bis Juli 1096 beendet. Die Verfolgungen ereigneten sich in einem engen Raum zwischen Köln und Prag im Norden sowie Metz und Regensburg im Süden. Für Mainz nennt eine Quelle 1014 umgekommene Männer, Frauen und Kinder. Die Zwangsgetauften konnten zwar nach königlicher Verfügung später zu ihrem Glauben zurückkehren, aber der strukturelle Schaden für die Gemeinden war irreversibel. Statt der berühmten Lehrstätten des Judentums am Mittelrhein entwickelten jetzt die jüdischen Zentren in der Champagne ihre Anziehungskraft. In Deutschland siedelten sich die Juden fortan bevorzugt in Landstädten an.

Die schwerste Heimsuchung der Juden im Reich und in Mitteleuropa überhaupt brachte die Pestwelle von 1348/1350 mit sich. Sie wurden vielfach beschuldigt, diese Pandemie durch Vergiftung des Brunnenwassers verursacht zu haben. Tausende von ihnen wurden getötet, nahezu alle Gemeinden zerstört. Auch wenn diese vielfach wieder aufgebaut wurden, blieben sie überall klein und bestanden aus kaum mehr als 30 Familien. Die Motive für die Judenverfolgungen sind vielfältig gewesen; sicher ist aber davon auszugehen, dass sie als nach außen abgeschlossene Sondergruppe wahrgenommen wurden, die als Sündenbock für die christliche Mehrheit und zur Projektion vielfältiger Ängste taugte.

Durch die diversen Vertreibungswellen wurde in den letzten Jahrhunderten des Mittelalters Ostmitteleuropa und – nach 1453 – das Osmanische Reich zur eigentlichen Heimat der Juden. Nach Polen wandten sich die 1349 aus dem Reich, aus Böhmen, Schlesien und Ungarn Vertriebenen, hierher und nach Litauen kamen auch die turksprachigen Karäer. Besonders bedeutend wurde die jüdische Gemeinde in Lwiw (Lemberg). Allerdings sind die Juden auch in Polen bedrückt worden. In Krakau wurde 1407 das Judenviertel durch Plünderer und 1494 erneut durch Ausschreitungen heimgesucht. Der Versuch des Königs, die Spannungen durch räumliche Trennung der Wohngebiete zu lösen, schlug fehl. 1495 wies auch das Großfürstentum Litauen die Juden aus; sie konnten 1503 zurückkehren, mussten sich aber verpflichten, jährlich für den Unterhalt von eintausend Reitern aufzukommen.

1.4 Indien, Südostasien und der Buddhismus als panasiatische Religion

In Indien oder besser: Südasien waren Großreichsbildungen von den ältesten Zeiten an seltene Ausnahmen; der Subkontinent war militärisch und politisch ebenso wenig zu durchdringen und zu beherrschen wie Afrika. Es gab keine imperialen Expansionen, etwa nach dem Iran oder gar Vorderasien im Westen oder über den Himalaya nach Norden. Über das Meer lag nur Sri Lanka im Bereich möglicher Ausgriffe.

An der Schwelle zum Mittelalter hatte die Familie der Guptas aus Uttar Pradesh zuletzt ein Großreich geschaffen (vor 320 bis 540). Es reichte bei seiner stärksten Ausdehnung von Bengalen bis zum Indus und von der nördlichen Gebirgsbarriere bis zum Fluss Narmada. Allerdings war die Richtung der Expansion weniger von der Vorstellung einer natürlichen Grenze Indiens bestimmt als vom Interesse, die landwirtschaftlich produktivsten und kommerziell ergiebigsten Regionen ausnutzen zu können. Das frühe Mittelalter war demgegenüber eine Periode der ‹hinduistischen Regionalreiche› (H. Kulke). Als Erbe des Altertums fungierte zwar noch das ‹Ideal des hinduistischen Maharaja›, der für die Ordnung der vier Weltgegenden sorgen musste. Und die Herrscher waren nach der herrschenden Lehre geradezu verpflichtet, auf ‹Welteroberungszüge› zu gehen; wer von ihnen zum Großkönig aufstieg, umgab sich an seinem Hof auch nicht bloß mit Fürsten, sondern mit gekrönten Kleinkönigen, die unterworfen oder wenigstens tributpflichtig gemacht worden waren. Die politische Realität sah indessen anders aus, denn viele Reiche hatten nur kurzen Bestand und wurden schnell von anderen aufgesogen, die selbst wieder bald vergingen.

Trotz aller Fluidität der politischen Verhältnisse sind vier Großregionen unterschieden worden, deren Dynastien kaum in der Lage waren, sich eine der anderen einzuverleiben; dies begünstigte die Ausbildung von Regionalkulturen, die weit über das frühe Mittelalter hinaus erkennbar geblieben sind. Im Norden wird dem Gurjara-Pratihara-Reich der Abwehrkampf gegen die Araber zugeschrieben. Der Schwerpunkt lag im Zweistromland von Ganges und Yamuna. Seit 815 war Kanauj die Hauptstadt. Auch wenn die dortigen Könige bis etwa 950 die politische Führung in Nordindien beanspruchten, lag das politische Übergewicht im gesamten Subkontinent eher bei Herrschern im westlichen Mittelland. Während des 9. und 10. Jahrhunderts galten die Rashtrakutas im westlichen Dekkan bei arabischen Autoren sogar als die dritt- oder viertgrößten Monarchen der Welt. Im Osten Indiens war die Herrscherfamilie der Palas sicher am bedeutendsten (ca. 770–897, 988–1120). Im Süden stiegen die Pallavas mit ihrer Hauptstadt Kanchipuram bei Madras zur

Vormacht auf (spätes 6. bis frühes 10. Jahrhundert). Dabei überwanden sie besonders die benachbarten Dynastien der Colas und Pandyas. Narasimharavarman I. (630–668) setzte erstmals entschlossen Seestreitkräfte gegen Sri Lanka ein, was auch seine Rivalen animierte. Eine Invasion der Insel durch die Pandyas führte Mitte des 9. Jahrhunderts zu fürchterlichen militärischen Auseinandersetzungen mit den Pallavas. Anfang des 10. Jahrhunderts setzten sich die Colas in Südindien durch (bis ca. 1279). Die großen Könige Rajaraja I. und sein Sohn Rajendra I. waren bei der Einnahme von Sri Lanka erfolgreich, nahmen auch die Malediven im Südwesten und die Andamanen im Golf von Bengalen ein und bekämpften das Reich von Srivijaya durch eine nach Sumatra und der Halbinsel Malaya entsandte Flotte (1026). Im 12. Jahrhundert zerfiel die Cola-Herrschaft inner- und außerhalb Indiens. Bald darauf kontrollierten die Pandyas einen großen Teil der subkontinentalen Halbinsel.

Die Errichtung des Sultanats von Delhi gegen Ende des 12. Jahrhunderts markierte, globalhistorisch gesehen, eine bedeutende Wende, denn der indische Subkontinent wurde jetzt viel intensiver als je zuvor mit einem eurasischen, ja eufrasischen politisch-religiösen Komplex verbunden. Ihren Höhepunkt erlebte die Sultansherrschaft unter Ala ud-Din Khalji (1296–1315). Nach ihm regierten die Tughluqiden, deren Stammvater türkischer Sklave am Hof eines Sultans gewesen und mit einer Inderin verheiratet gewesen war; sie konnten das Reich aber nicht zusammenhalten und verloren zwischen 1334 und 1347 mehrere Gebiete, die sich als eigene Sultanate rekonstituierten. Am Hof der Tughluqiden verbreitete sich andererseits nach gezielter Einwanderungspolitik die persische Sprache, was zur wachsenden Integration Nordindiens in die islamische Welt beitrug. Den entscheidenden Schlag gegen das muslimische Reich führte der zentralasiatische Kriegsherr Timur, der Delhi 1398 eroberte, etwa 50000 Bewohner und Bewohnerinnen hinmorden und Tausende andere als Sklaven nach Samarkand verschleppen ließ. Zwar blieb Timur nicht selbst in Indien, aber seine Zerstörungen waren unumkehrbar. Den Tughluqiden folgten im Sultanat von Delhi noch zwei Dynastien, aber 1526 erlag das Reich dem usbekischen Königssohn Babur, der von Timur und auch von Dschingis Khan abstammte.

Ebenso wenig wie die antiken Reiche ist das Sultanat von Delhi in der Lage gewesen, ganz Indien unter seiner Herrschaft zu einen. Das indische Spätmittelalter war wie die vorangegangene Periode eine Zeit großer staatlicher Vielfalt. Zu den Neubildungen gehörte das hinduistische Reich von Vijayanagara im Süden (seit 1336?). Die bedeutendsten Herrscher Devaraja I. und Devaraja II. (1406–1447) betrieben eine zentralistische Politik wie das Delhi-Sultanat und bedienten sich auch muslimischer Gehilfen. Aus Iran und Arabien ließen sie Pferde importieren, verstärkten ihr Heer mit türkischen Bogenschützen und erlaubten den Bau einer Moschee in ihrer Hauptstadt. Muslime aus Bihar wurden in der Verwaltung eingesetzt. Imperiale Züge zeigten sich, als die Vijayanagara-Herrscher in Sri Lanka die Pandya-Könige absetzten und die Oberhoheit über den Nordteil der Insel beanspruchten. Erst 1565 ist das Reich von den zentralindischen Sultanen vernichtet worden.

Nicht militärisch oder politisch erfasst, aber kulturell stark geprägt hat Indien das Festland und die Inseln jenseits des Golfs von Bengalen. Hier entstanden während des mittelalterlichen Jahrtausends mehrere Großreiche. Im maritimen Südostasien war dies zwischen dem 7. und 13. Jahrhundert besonders die Thalassokratie Srivijaya, die von Sumatra ausging und noch die malaiische Halbinsel, das westliche Java und den Archipel von Borneo einschloss. Dreimal so groß war das spätmittelalterliche Reich von Majapahit (1293–1528), das in Ostjava entstanden war und auf seinem Höhepunkt von Sumatra bis Neuguinea einschließlich der südlichen Philippinen reichte (1377). Alle Herrschaften in dieser Inselwelt spielten eine Schlüsselrolle im Seeverkehr zwischen Indien und China. Von zwei bedeutenden Reichen war das festländische Südostasien während der ersten Jahrhunderte des Mittelalters geprägt, dem der Khmer von Angkor und dem von Pagan in Myanmar. Der Aufstieg des kambodschanischen Reiches begann um 800, rund zweieinhalb Jahrhunderte vor seinem Nachbarn in Birma. Die indischen Einflüsse wurden in Südostasien von früheren Historikern als so dominant betrachtet, dass geradezu von ‹Hinterindien› die Rede war. Nordvietnam im Osten des Festlandes war hingegen fast tausend Jahre lang Teil des chinesischen Reiches (43–938 u. Z.), bevor es sich als eigenes Reich konstituieren konnte (ca. 960). Der Versuch des bald ‹Groß-Viet› genannten Reiches, auch die indisch geprägte Föderation des Champa-Reiches im Süden einzunehmen, zog sich seit 1044 jahrhundertelang hin.

Abgesehen von seiner politischen Struktur war Indien auch in religiöser Hinsicht durch Pluralität gekennzeichnet. Das Land hat ungewöhnlich viele Religionen hervorgebracht, die auf See- und Landwegen teilweise und in unterschiedlichem Maße auch nach Osten verbreitet wurden. Die nach ihrer Überlieferung als ‹vedisch› bezeichnete Religion der indischen Frühzeit war geprägt durch Brahmanenpriester, die mit religiösen Ritualen und Opfern einer Vielzahl von Göttern Verehrung erwiesen, religiöses Wissen überlieferten, den Vorrang in einer ständischen Ordnung errangen und Fürsten wie Könige bei Regierungsgeschäften berieten. Obschon die Brahmanen den nordindischen Osten ursprünglich als unrein tabuisiert hatten, drang ihre Religion um 1000 v. u. Z. am Ganges vor. Der ‹Brahmanismus› als Ritualismus der älteren Veden wurde etwa zwischen dem 7./6. und dem 4./3. Jahrhundert v. u. Z. mit Hilfe von Lehrschriften der ‹Upanischaden› herausgefordert. Diese Texte bildeten eine Grundlage für drei indische Erlösungsreligionen, den sogenannten ‹Hinduismus› sowie den Buddhismus und den Jainismus. Gemeinsames Kennzeichen war eine entschiedene Individualisierung und Ethisierung. Jeder Einzelne kann nach ihrer Lehre durch persönliche Leistung das Heil erlangen, das in der Überwindung der sonst unvermeidlichen Wiedergeburt und damit jeder Vergänglichkeit liegt. Seelenwanderungsglaube und Vergeltungslehre bestimmten im ‹Hinduismus› auch die Kastenordnung; man glaubte und glaubt, dass der Einzelne in derjenigen Kaste geboren wird, welche er sich in einem früheren Leben durch sein Verhalten verdient hat. Buddhismus und Jainismus traten im 6./5. Jahrhundert als Mönchsreligionen in Erscheinung; sie lehnten die Veden, das brahmanische Opferritual und das Kastenwesen ab.

Schon die alten Brahmanen hatten Götter in einem Pantheon verehrt, aber die ‹Hinduisten› entwickelten spezifische Kulte für Hochgötter wie Shiva und Vishnu; demzufolge spricht man auch besser von hinduistischen Religionen, also von Shivaismus, Vishnuismus und so weiter, und lässt den anachronistischen Sammelbegriff ‹Hinduismus› beiseite. Religionen, die ihm zugerechnet werden, wird eine besondere Fähigkeit attestiert, zentrale Vorstellungen einer fremden religiösen Gruppe mit eigenen Überlieferungen zu identifizieren (‹Inklusivismus›). Trotz dieser Offenheit wurde die Ausbreitung der hinduistischen Religionen durch Vorschriften indischer Gesetzbücher gehemmt, nach denen Brahmanen zur Wahrung ritueller Reinheit Seereisen verboten waren.

Tatsächlich sind Brahmanentum und hinduistische Religionen im Mittelalter nur wenig über Indiens Grenzen hinausgelangt. Die einzige bedeutende Ausbreitung erreichten sie in Südostasien. Bemerkenswert ist das schon deshalb, weil diese Region großenteils aus weitverstreuten Inseln besteht. In der Überlieferung gibt es keine Anhaltspunkte für Zuwanderungen von Brahmanen oder ‹Hindus›, und indische Reiche haben hier auch keine Eroberungen gemacht. Die Forschung nimmt deshalb an, dass die Bewohner der betreffenden Länder durch Kaufleute mit der hoch entwickelten Kultur des Westens bekanntgeworden sind und gezielt Anleihen nach ihren Bedürfnissen angestrebt haben. Indizien für ein vorhinduistisches Brahmanentum lassen sich in Südostasien allenthalben ermitteln. Was dann die hinduistischen Hochgötter angeht, so dominierte in den festländischen Reichen von Champa und Kambodscha der Kult von Shiva als des Gottes der Schöpfung und der Fruchtbarkeit, während die Verehrung von Vishnu nicht ebenso verbreitet war. In Birma wurde dieser Gott, der als himmlischer König des Universums galt, häufig auf einem Berg stehend dargestellt. In Pagan spielte er eine große Rolle sowohl im staatlichen Kult als auch in der Frömmigkeit. Im Übrigen koexistierte der Kult der Hochgötter lange Zeit mit dem Buddhismus. An ‹hinduistischen› Höfen wie dem des Reiches von Angkor und ebenso den buddhistischen Residenzen wie Pagan in Birma sowie Sukothai in Thailand vollzogen Brahmanen die großen Zeremonien, vor allem die Königskrönungen, und wirkten neben buddhistischen Mönchen als Minister und Berater.

Auf der Insel Java wurde wiederum Shiva besonders verehrt, während Vishnu-Gemeinschaften weniger prominent belegt sind. Der Shivaismus wurde offenbar von den königlichen Höfen aus weiterverbreitet. Der König von Majapahit, Jayanagara (reg. 1309–1321), wandte sich dem Vishnuismus zu und ließ sich sogar selbst im Bild der Gottheit darstellen. Eine Blüte des Vishnuismus in Ostjava und der dort vorgelagerten Insel Bali lässt sich zwischen ca. 1250 und 1450 an vielen Plätzen nachweisen. Der Bedrängung durch den Islam wichen Angehörige des Königshauses von Majapahit 1478 durch Umsiedlung von Java nach Bali aus, wo sich bis zur Gegenwart fast die gesamte Bevölkerung zum Hinduismus bekennt.

Jainismus und Buddhismus waren ungefähr gleichzeitig und im gleichen Raum entstanden und breiteten sich teilweise parallel, oft auch in Konkurrenz zueinander in ganz Indien aus. In beiden Religionen hatten Mönche und Nonnen den Vorrang vor den Laien, die jene aber versorgen mussten. Die Jainas kannten keinen einzelnen Stifter, sondern nur ‹Furtbereiter›, die ihren Gläubigen durch ihr Leben und ihre Lehre einen Weg durch den Ozean des Kreislaufs von Tod und Wiedergeburt bahnen sollten. Was die Verbreitung betrifft, so blieb der Jainismus auf den Subkontinent beschränkt, hat aber bis heute im Land überlebt.

Hingegen formierte sich der Buddhismus zwischen dem 5. und dem 10. Jahrhundert «zur ersten panasiatischen Religion» (T. Sen). Entscheidend für seine Expansion war die Kooperation verschiedener seiner Träger mit ihren jeweils eigenen Motivationen: der Mönche und Nonnen als Anhänger des Buddha mit der Bereitschaft, die Lehren, Texte und Bildnisse auf weiten Reisen über Land und Meer selbst zu verbreiten; der Händler, die mit den buddhistischen Gemeinschaften eng zusammenarbeiteten, sowie der Herrscher vieler Länder und Völker als Schutzherren und Förderer der Religion. Nicht zu vergessen ist aber auch, dass ein charismatischer Religionsstifter seinen Weg zur

Erlösung auch anderen weisen wollte und damit eine Kettenreaktion unvorhergesehener Reichweite auslöste.

Die Befreiung von der Welt, dem Dasein und dem Lebensdurst, dem Hass und der Verblendung, hatte Siddhartha Gautama (ca. 450–370 v. u. Z.) im Alter von 35 Jahren durch Meditation erlangt und sich damit den Ehrennamen ‹Buddha› (‹der Erleuchtete›) verdient. Der von ihm entdeckte ‹mittlere Weg› maßvoller Askese war nur im religiösen Orden zu beschreiten und anderen zu vermitteln. Fünf seiner Schüler bildeten die Urzelle der Mönchsgemeinschaft, während der Buddha selbst auch einen Orden für Nonnen geschaffen haben soll. Nach den Regeln sollen die Mönche das friedfertige und zölibatäre Leben von Wander- und Bettelasketen führen. Dies galt als Weg zur Erlangung der Erkenntnis, die nur den Ordinierten offenstand. Laienanhänger und -anhängerin konnte man dadurch werden, dass man die Zuflucht zum Buddha, zum ‹Dharma› (zur Wahrheit) und zum ‹Sangha› (Orden) nahm und fünf Gebote einhielt: nicht zu töten, zu stehlen und zu lügen, sexuelles ‹Fehlverhalten› zu vermeiden und keine Rauschgetränke zu konsumieren. Wer diese Gelübde einhielt, konnte darauf hoffen, im nächsten Leben als Mönch oder Nonne wiedergeboren zu werden und vielleicht wie diese das Nirvana als Erlösung zu erlangen. Die Asketen waren auf die Hilfe der Laien angewiesen, die sie mit Almosen, Kleidung, Schlafstätten u. a. versorgten. Obwohl sich der Buddhismus als Heilsweg für alle Menschen versteht, gab es keine organisierte Mission.

Vom nordöstlichen Indien als Wirkungsgebiet des Buddha ausgehend, drang seine Lehre in den folgenden Jahrhunderten im ganzen Land durch. Am Ende des ersten vorchristlichen Jahrtausends bildete sich eine neue Richtung heraus, die ‹Mahayana› oder ‹Großes Fahrzeug› genannt wurde und sich polemisch vom älteren ‹Hinayana›, ‹Kleines Fahrzeug›, absetzte. Sie eröffnete auch den Laien den Weg zur Erlösung, wenn sie bereit waren, die Laufbahn eines künftigen Buddha einzuschlagen und möglichst vielen Menschen aus Mitgefühl bei ihrem Streben nach Erlösung zu helfen.

Bis zum 5. Jahrhundert sind die Zeugnisse für den Mahayana-Buddhismus in Südasien sehr dicht. Eine berühmte Stätte seiner Verbreitung wurde die ‹Klosterakademie› (A. Schmiedchen) von Nalanda. Um 632 u. Z. besuchte der chinesische Mönch Xuanzang das Kloster und traf dort angeblich überaus zahlreiche Priester, Lehrer und Studenten von weither an. Zwei andere Klöster in Valabhi in Westindien und Vikramashila am Ufer des Ganges galten ebenso als buddhistische ‹Universitäten›. Beide wurden Opfer der muslimischen Vorstöße und Eroberungen im frühen 13. Jahrhundert, während Valabhi nur bis ins 11. Jahrhundert als wichtige Lehrstätte bezeugt ist. Niedergang und Zerstörung der buddhistischen ‹Universitäten› waren sowohl Symptome als auch Beschleunigungsfaktoren einer Verdrängung des Buddhismus aus Indien überhaupt. Dieser Prozess hatte bereits um die Jahrtausendwende eingesetzt und wurde im 13. Jahrhundert beschleunigt. Die Gründe sind unklar, aber offenbar war es Jainismus und Hinduismus, die weiter gediehen, besser gelungen, über die geistige und religiöse Elite hinaus die Breite der Bevölkerung zu erreichen.

Die Expansion des Buddhismus in Asien ist der wichtigste Beitrag Indiens zur Globalgeschichte des Mittelalters. Die Wege konnten über das Meer oder über Land führen und sind im Einzelnen oft undeutlich. Nach Sri Lanka kamen buddhistische Missionare der Überlieferung nach schon im 3. Jahrhundert v. u. Z. Hier fasste eine besonders konservative Strömung des Mahayana-Buddhismus Fuß, der ‹Theravada›, der sich auch nach Südostasien (Birma, Thailand) ausbreitete. Auf der malaiischen Halbinsel finden sich Nachweise für den Buddhismus durch Bodenfunde im 4., auf Java im 5. Jahrhundert. Der chinesische Wandermönch I-tsing hielt sich 671 und 695 zum Studium auf Sumatra auf und bezeugt, dass im Reich Srivijaya der Hinayana-Buddhismus vorherrschte. Kurz nach seiner Zeit blühte auf der indonesischen Insel aber der Mahayana-Buddhismus auf.

Für die Landroute nach Ostasien mussten die Botschaften des Buddha und seiner Anhänger von Indien aus das System der Seidenstraßen erreichen. Noch im Süden dieses Kommunikationsnetzes und im Spannungsfeld von Indien und China lag Tibet.

Der Buddhismus soll hierher nach einheimischer Überlieferung in zwei Schüben eingeführt worden sein, vom 7. bis 9. Jahrhundert einerseits sowie im 10./11. Jahrhundert andererseits, unterbrochen von einer ‹dunklen Periode›. Fest steht die herausragende Rolle der Könige oder ‹Kaiser› bei der Ausbreitung. Unter mongolischer Herrschaft wurde ein Abt sogar Verwalter des Landes.

Wo die Seidenstraße durch die unwirtlichen Wüsten Zentralasiens führte, bildeten sich an diversen Oasen multikulturelle und multireligiöse Begegnungsstätten aus. Turfan an der Nordseite des Tarimbeckens ist als Fundort zehntausender Handschriftenfragmente für die Geschichte des Buddhismus ein ebenso wichtiger Überlieferungsort wie Dunhuang, wo die Nord- und Südrouten in der Provinz Gansu aufeinandertrafen. Erst mit der Verbreitung des Islam ging in Zentralasien die Bedeutung des Buddhismus zurück.

Das älteste sichere Zeugnis für den Buddhismus in China datiert aus der Zeit um 65 u. Z. Seit Mitte des 2. Jahrhunderts sind gelehrte Reisende greifbar, die in China buddhistische Schriften übersetzten. Ihre erste Blüte erlebt die indische Religion im Reich der Nördlichen Wei. Der buddhistische Orden war in diesem Teilstaat mit Hilfe der Herrscher so stark institutionalisiert, dass man geradezu von einer ‹buddhistischen Kirche› gesprochen hat (J. Gernet). Beide großen Traditionen des Buddhismus wurden zunächst nebeneinander gepflegt, bevor der Mahayana das deutliche Übergewicht gewann.

Bis zum 6. Jahrhundert bestanden bereits zehntausende monastische Einrichtungen. Begünstigt wurde diese Entfaltung dadurch, dass auch eine regelkonforme Ordination von Frauen ermöglicht worden war. Die Zeit bis 800 gilt als buddhistisches Zeitalter der chinesischen Geschichte schlechthin. Die Tang-Dynastie förderte die Mönche, auch wenn sie selbst dem Daoismus näherstand. Im Erziehungs- und Bildungswesen mussten sich die Buddhisten allerdings weitgehend auf die Kinder unbemittelter Eltern konzentrieren, während die alte Elite am Hof und in der Verwaltung zu ihnen Distanz wahrte. Andererseits erlaubte der zunehmende Reichtum den buddhistischen Klöstern ihre Mitwirkung an der Landerschließung. Die Regierung erkannte, dass sich Klöster besonders gut dazu eigneten, Siedler der jeweiligen Umgebung zu kontrollieren und zu höheren Aktivitäten zu animieren.

Als die Tang-Dynastie Mitte des 8. Jahrhunderts von der Rebellion eines türkischstämmigen Generals in ihren Diensten erschüttert wurde, löste dies xenophobe Reaktionen aus, die sich auch gegen die indische Importreligion richteten. Nach ersten Repressionen setzte im Jahr 845 eine massive Buddhistenverfolgung ein, in deren Verlauf 4600 Klöster zerstört, die Ländereien konfisziert, Statuen, Glocken und Ritualgegenstände eingeschmolzen sowie 260 500 Mönche und Nonnen laisiert wurden. Erst unter den Song (seit 960) gedieh der chinesische Buddhismus wieder. Der Gründer der Dynastie ordnete eine Druckfassung des buddhistischen Schrifttums an. Sein führender Mönchsbeamter wollte den Nachweis führen, dass der Buddhismus ein integraler Bestandteil der chinesischen Zivilisation sei. Die Mongolen, die die Song-Dynastie stürzten, bevorzugten den tibetischen Buddhismus; die in ihrem Dienst an leitender Stelle eingesetzten Mönche aus dem Nachbarreich agierten teilweise rücksichtslos. Seit 1351 brachen chinesische Aufstände gegen die mongolische Fremdherrschaft los. In Nanjing wurde der ehemalige Mönch Zhu Yuanzhang zum Kaiser erhoben und mit ihm die Ming-Dynastie begründet. Diese ordnete das Klosterwesen neu und ließ ein Register aller Mönche anlegen, um den ungesetzlichen Missbrauch von Privilegien durch falsche Brüder auszuschließen. Neben Konfuzianismus und Daoismus konsolidierte der Buddhismus gleichzeitig seine Stellung als ‹Volksreligion›.

Von China expandierte der Buddhismus auch im Westen und im Osten. Nach Vietnam dürfte die indische Religion auf dem Landweg gelangt sein. Auch passierten chinesische Mönche auf dem Weg nach Indien und umgekehrt das Land. Der Buddhismus scheint im 2. Jahrhundert v. u. Z. nach der Provinz Jiaozhi gelangt zu sein. Gegen Ende des 10. Jahrhunderts erklärte ein Herrscher den Buddhismus zur Staatsreligion. Auch seine Nachfolger förderten die Klöster und ließen religiöse Texte aus China kommen. Im Jahr 1231 wurde befohlen, Bilder des Buddha an die Wände der Wirtshäuser und aller öffentlicher Gebäude zu malen. Erst seit dem späten 14. Jahrhundert löste der Konfuzianismus den Buddhismus als führende Lehre ab.

Vorbereitet und begünstigt durch eine jahrhundertelange chinesische Herrschaft im Nordwesten des Landes, drang der Buddhismus seit dem späten 4. Jahrhundert u.Z. auch nach Korea vor. Im Jahr 372 hat ein offenbar chinesischer Mönch die Religion im Reich Koguryo eingeführt, und ähnlich verhielt es sich mit dem Reich Paekche im Südwesten. Die Dynastie der Koryŏ, der es am Beginn des 10. Jahrhunderts gelang, Korea (zum zweiten Mal) zu einen, brachte eifrige Buddhisten als Herrscher hervor. Die Mönche ihrerseits engagierten sich im Staatsdienst und sogar militärisch. Mit ihrem zunehmenden Reichtum setzten sie sich dem Korruptionsverdacht aus, während die Rezeption des Neo-Konfuzianismus seit dem 13. Jahrhundert eine ethisch willkommene Alternative eröffnete. Unter den Choson (seit 1392) wurden Landgüter des Ordens konfisziert und Tempel sowie Klöster geschlossen.

Über Korea wurde der Buddhismus nach Japan vermittelt. Ohne dass sich die Daten befriedigend absichern ließen, wird die Einführung dieser Religion herkömmlich auf die Jahre 538 oder 552 datiert. Immerhin war der erste offizielle Führer der Buddhisten im Jahr 623 ein Immigrant aus Korea. Seit 746 gab es ein eigenes kaiserliches Büro für den Buddhismus; es fungierte als Zentrale staatlicher Förderung mit Zweigen in jeder Provinz. Als die Regierung unter Kanmu um 800 nach Kyoto verlegt wurde, untersagte der Kaiser aber den buddhistischen Tempeln den Nachzug, um den Einfluss der Mönche zurückzudrängen. Später hatte der Buddhismus beim Hochadel Erfolg. Gegen seine politische Instrumentalisierung entwickelten sich in der Kamakurazeit (1185–1333) Reformbestrebungen, die den japanischen Buddhismus auf Dauer prägten.

1.5 Ostasien, seine Religionen und die Nomaden

Wie Indien hat China eigene Religionen oder religionsähnliche Lehren ausgebildet, die bis heute Anerkennung finden. In beiden Ländern haben auch ‹Fremdreligionen› Aufnahme gefunden. Während der Islam in Indien Fuß fasste, drang die indische Religion des Buddhismus nach China vor. Sie trat hier neben den Konfuzianismus und nahm starken Einfluss auf den Daoismus. So unterschiedliche Ziele diese drei verfolgten, sosehr sie miteinander konkurrierten und so klar sie sich bisweilen voneinander abgrenzten, so stark war in China doch eine harmonisierende Tendenz spürbar, die die Differenzen einebnete und die gegenseitige Duldung erleichterte. Man sprach sogar von der ‹Einheit der Drei Lehren›.

Religion war in China seit der Shang-Zeit (2. Jahrtausend v. u. Z.) durch einen Kult der Naturgeister und der Vorfahren bestimmt gewesen. Unter der Westlichen Zhou-Dynastie bildete sich die Verehrung der Ahnen in einer Form aus, die bis heute nachwirkt. Auf dieser Grundlage entwickelte Konfuzius (geb. wohl 551 v. u. Z.) seine Lehren, die weniger religiös als ethisch gefasst sind. Konfuzius betrachtete zwar den Himmel als ‹oberste Weltinstanz› (W. Eichhorn), vermied es aber, über Geister und Götter zu sprechen. Stattdessen betonte er die Pflichten gegenüber Mitmenschen und Gesellschaft. Bei der Menschenliebe sollte die eigene Familie vor der Kleingruppe und dem Staat rangieren. Liebe zu allen Menschen gehörte nicht in diesen Kanon.

Gegen die herkömmliche Privilegierung der Herkunft plädierte Konfuzius für eine Ordnung nach den Prinzipien des Verdienstes. Das konfuzianische Denken rückte die Beamten statt der Priester in die Schlüsselposition des Gemeinwesens. Es dauerte aber bis in die Zeit der Han-Dynastie (206 v. u. Z.–220 u. Z.), dass die Anhänger des ‹Meisters Kong› großen Einfluss auf das intellektuelle Leben gewannen. Die Errichtung einer ‹Kaiserlichen Universität› und eines Netzwerkes von Staats- und Regierungsschulen sollten unvermögenden Jugendlichen den Weg zur Bildung ebnen; zivile Prüfungen wurden zum Schlüssel für die Karriere. Auch der Kult des Konfuzius selbst wurde gefördert. Über den kleinen Kreis etablierter Beamter drangen die Lehren in der Epoche des Neo-Konfuzianismus hinaus (11. Jahrhundert). Die Dynastie der Song (960–1279) bemühte sich um die weitere Verbreitung in jeden Winkel des Reiches; ihr Werk setzten die Mongolen und die chinesische Ming-Dynastie fort.

Der Konfuzianismus ist eine genuin chinesische Lehre und steht neben der einzigen einheimischen Religion des Daoismus, in der sich älteste Glaubensvorstellungen des Volkes gehalten haben. Der Daoismus, der in mehreren Strömungen durchaus widersprüchlich in Erscheinung trat, wandte sich entschieden gegen die Ethik der Konfuzianer. In den Mittelpunkt der religiösen Bemühungen stellte er einerseits das Bestreben des Individuums, sich in tiefer Versenkung selbst zu verlieren, um den kosmischen Strom des ‹Dao› (‹Weg›) als eigentliche Wirklichkeit zu erleben. Aus den frühen Schriften des Daoismus ergibt sich eine Tendenz zur Leere und Selbstvergessenheit. Andererseits lassen sich ihnen auch Züge zur Lebensbejahung ablesen. Als der Daoismus in der späten Zeit der Han-Dynastie als Religion seine explizite Gestalt gewann, erlangten in ihm deshalb auch traditionelle chinesische Lehren und Techniken der Lebensverlängerung ihre stärkste Ausprägung.

Um der Verwaltung willen haben sich dem Konfuzianismus auch die sogenannten ‹Fremdvölker› im Norden Chinas zugewandt. Stark konfuzianisch bestimmt war Nordvietnam, das Land am ‹Roten Fluss›, seit dem ersten Jahrtausend unserer Zeit. Nach Korea sind Konfuzianismus und Daoismus seit Ende des 4. Jahrhunderts zusammen mit dem Buddhismus vorgedrungen, und Japan wurde seit der Yamato-Zeit (ca. 350–645 u. Z.), abgesehen vom Buddhismus, auch von beiden chinesischen Lehrtraditionen geprägt. Erst unter dem Eindruck der fremden Kulte und Lehren, die ihm aus oder über China vermittelt wurden, hat sich hier auch der ‹Shinto› als hybride Religion entwickelt.

Wichtiger als Religionen für die Einbindung Ostasiens in die trikontinentale Welt war seine Begegnung mit dem Nomadentum. China grenzte im Norden an die Steppe, einen riesigen Graslandstreifen zwischen Ungarn und der Mandschurei, auf dem Hirten ihre Pferde und Nutztiere weiden konnten. Auch wenn die Nomadenvölker teilweise selbst agrarisch tätig waren, stand ihre Lebensweise in stärkstem Gegensatz zu den ackerbautreibenden Gesellschaften. Sie waren aber in der Lage, selbst Reiche zu bilden und ihre sesshaften Nachbarn militärisch zu bedrohen und zu unterwerfen. Allerdings hatte es im Altertum kein Reich gegeben, das nomadische mit sesshaft geprägten Großräumen dauerhaft hätte integrieren können. Dominanz über die Steppe erlangten in jener Zeit die Skythen im Westen und die Xiongnu im Osten. Dieses Volk und seine Nachfolger haben die Reichsbildung in China, die sich seit dem 3. Jahrhundert v. u. Z. am Ideal politischer Einheit unter Führung eines Kaisers orientierte, immer wieder gestört oder auf diese Einfluss genommen. Ihre Wirkung erstreckte sich, wenn auch in unterschiedlichem Ausmaß, auch auf die ostasiatischen Nachbarn der Chinesen, Korea und Japan.

Um 500, zu Beginn des mittelalterlichen Jahrtausends, war China kein Einheitsstaat mehr. Die Han-Dynastie, die zeitweise durch Eroberungen bis Samarkand große Erfolge gegen die Xiongnu erzielt hatte, war 220 u. Z. gewaltsam an ihr Ende gekommen. Ein Führer der Nomaden proklamierte sich 304 zum Haupt eines unabhängigen Staates in China, der die Angesessenen zwang, in einer Massenmigration aus den nördlichen Territorien nach Süden auszuweichen. Abgesehen von den Xiongnu errichtete eine andere Nomadengruppe, die Tuoba, ein weiteres Reich, den Staat der ‹Nördlichen Wei› (386). Diesem gelang seine Ausdehnung über das ganze nördliche China (439–534). Nach einer Phase politischer Instabilität begründete der Usurpator Yang Jian die Dynastie der Sui und einte das Reich zum ersten Mal seit dreihundert Jahren (581/589). Auf dieser Leistung baute die Tang-Dynastie (618–907) auf, die manche als Chinas Goldenes Zeitalter betrachten. Tatsächlich war die Tang-Zeit die vielleicht wichtigste Periode einer Abwendung von der multiethnischen Prägung des Reiches zugunsten einer einheitlichen chinesischen Kultur. Die administrative, verkehrstechnische und edukative Durchdringung des Reiches wurde auf der Grundlage von Konfuzianismus und Buddhismus vorangetrieben. Nachdem das Reich im 7. Jahrhundert wie nie zuvor expandiert war, wurde die Hauptstadt Chang'an Sitz einer zentralistischen Regierung, wo der Kaiser Gesandtschaften aus Korea, Japan, aber auch aus Konstantinopel und dem Perserreich empfing. Die kaiserliche Herrschaft stützte sich auf eine Militärbürokratie und ein Netz von 1639 Poststationen entlang der großen Fernstraßen, die auf die Hauptstadt ausgerichtet waren.

Nachdem das Reich der Tang schon seit Mitte des 8. Jahrhunderts in die Krise geraten war, zerfiel es aufgrund innerer Spannungen am Beginn des 10. Jahrhunderts. Eine neue Phase politischer Zersplitterung Chinas wurde durch den Aufstieg der ‹Fremdvölker› verstärkt. Der Stamm der Khitan, ursprüngliche Weidenomaden aus dem Volk der Xianbei, gründeten im Norden Chinas ein Reich unter der Dynastie der Liao (907–1125). Ihr erster Herrscher ließ sich selbst zum Kaiser erheben und erwies sich als gefürchteter Eroberer; er nahm die nördliche Mongolei, den Gansu-Korridor und das nordkoreanische Reich Parhae ein. Die Heimat der nomadisierenden Khitan wurde als ‹Nationales System› vom Han-Chinesischen System der sesshaften Bevölkerung im Süden getrennt. Um die Jahrtausendwende unterhielt der Kaiser der Khitan Beziehungen nach Zentralasien wie nach Japan, und der Kalif der Abbasiden von Bagdad bewarb sich bei ihm sogar um die Hand einer Prinzessin.

Am Beginn des 12. Jahrhunderts wurden die Khitan von Kämpfern der Jurchen überwunden; diese Stämme waren ursprünglich keine Nomaden, sondern Waldbewohner mit halbagrarischer Lebensweise in der Mandschurei. Ihre Führung nannte sich nach ‹Jin› (chinesisch für ‹Gold›). Die neue Dynastie (1115–1234) drang nach China selbst vor und errichtete wiederum in der Umgebung von Peking ihre Hauptstadt. Die Jurchen blieben aber unter den Chinesen eine Minderheit von ca. 10%. Im Nordwesten Chinas hatte sich zur selben Zeit die Herrschaft der Tanguten etabliert. Auch diese waren ursprünglich Viehzüchter und im 10. Jahrhundert von den Tang am Rand des Ordos-Plateaus, eines äußerst fruchtbaren Weidelandes, angesiedelt worden. 1038 errichteten sie ihr eigenes Reich, die Westlichen Xia (oder Xi Xia, bis 1227).

Parallel zu den Khitan und Jurchen beziehungsweise den Tanguten wirkte in China selbst die Dynastie der Song. Unter ihr vollzogen sich so tiefgreifende politische und kulturelle Umbrüche, dass einige Sinolog*innen vom ‹Ende des chinesischen Mittelalters› sprechen (A. Schottenhammer). Auch wenn die ‹Fremdvölker› dabei nicht eingeschlossen waren, gelang den Song eine Reichseinigung unter den Chinesen, hinter die spätere Generationen im Prinzip nie wieder zurückfallen sollten. Mit den Khitan und Tanguten schlossen die Herrscher Friedensverträge, die sie zu hohen Tributen in Seide und Silber verpflichteten. Als aber die Jurchen als Nachfolger der Khitan nach China vorrückten, verloren die Song die Hälfte ihres Gebietes und mussten mit ihrem Hof nach Süden (Nanjing, dann Hangzhou) ausweichen. Dementsprechend wurde offiziell eine Nördliche (960–1127) von einer Südlichen Song-Dynastie (1127–1279) unterschieden.

Eine neue Epoche für China, ja für die eurasiatische Geschichte im Ganzen bedeutete der Aufstieg Dschingis Khans und der von ihm begründeten transkontinentalen Herrschaft der Mongolen. Temüdschin, der Gründer des Reiches, war aus einem minder bedeutenden Stamm am Fluss Orchon hervorgegangen; hier lag ein ideales Weideland für die Herden der Mongolen. Mit seinem militärischen Talent unterwarf Temüdschin die benachbarten Tataren und einte bis 1206 alle Mongolen unter seiner Führung. Eine große Versammlung wählte ihn zum obersten Haupt aller Stämme mit dem Titel ‹Dschingis Khan› (wohl ‹Weltherrscher›). Ideologisch stützte er sich auf die überkommene Religiosität der Steppenvölker, nach der der Himmel beziehungsweise der Himmelsgott Tängri dem führenden Familienverband Charisma verlieh. Wichtigstes Instrument war eine Armee von rund 100 000 berittenen Bogenschützen und etwa dem Fünffachen an Pferden. Die durchgehende Militarisierung der Gesellschaft, an der auch die unterworfenen Populationen beteiligt wurden, zwang zu immer neuen Beutezügen. Die Mongolen sicherten ihre Eroberungen durch brutale Zerstörungen und Massaker, aber auch durch breite entvölkerte und ackerbaulich brachfallende Grenzzonen, in die sie ihre Herden treiben konnten. Die Spur ihrer Erfolge markierte der eurasiatische

Steppengürtel, und entsprechend der allgemeinen Tendenz der Hirtennomaden wies diese von Osten nach Westen. Die Reichweite der Landgewinne von Dschingis Khan und seinen Erben übertraf alles bisher Bekannte, aber mehr noch als der schiere Umfang ihrer Herrschaft begründete die Integration der verschiedenen Lebensräume von Nomaden und Sesshaften ihre globalhistorische Bedeutung.

Die ersten Angriffe auf etablierte Herrschaften in China galten 1209 den Xi Xia; sie führten zur Kontrolle des Gansu-Korridors und öffneten den wichtigen Weg durch das Tarimbecken. 1215 zerstörten die Mongolen die nördliche Jin-Kapitale (Peking) und nahmen zahlreiche weitere Städte ein. Dem Rat seiner führenden Militärs, alle Chinesen auszurotten und den ganzen Norden in Weideland umzuwandeln, folgte Dschingis Khan nicht; stattdessen schloss er sich der Meinung eines Hofbeamten an und setzte darauf, die Einkünfte seines Staates durch Besteuerung des Handels und Gewerbes zu vermehren. 1218 wandte er sich zunächst von China ab, um durch Ausweitung seiner Herrschaft im Westen feindlichen Bündnissen anderer Nomaden in seinem Rücken vorzubeugen. Für seinen Feldzug gegen die Choresmier soll er eine Armee von etwa 800 000 Menschen aufgeboten haben; mit dem Heer seien nicht weniger als vier Millionen Pferde sowie 24 Millionen Schafe und Ziegen gezogen. Während er nach seinem Erfolg 1223 in die Mongolei zurückkehrte, stieß eine Einheit über den Kaukasus nach Osteuropa vor und schlug ein vereintes Aufgebot der Kumanen und der Rus'. Der russische Großfürst und andere Teilherrscher wurden gefangengenommen und getötet. Kurz darauf zerstörten die Mongolen auch das Reich der Wolgabulgaren und machten sich bis 1257 die ganze Rus' untertan.

Beim Tod von Dschingis Khan 1227 gehörte sein Reich nach mongolischer Sitte der ganzen herrscherlichen Familie einschließlich der Frauen; der Großkhan hatte aber seinen Söhnen bestimmte Anteile zugedacht. Nachfolger in der obersten Führung wurde sein dritter Sohn Ögödei (1229–1241). Dieser machte 1232/1234 der Jin-Dynastie der Jurchen ein Ende. Den Song im Süden erklärte Ögödei den Krieg, obwohl seine Streitkräfte nur ein Promille dessen an Umfang hatten, was China an Einwohnern zählte. Die Unterwerfung gelang zwischen 1268 und 1279 erst seinem Nachfolger Qubilai. Zum ersten Mal in seiner Geschichte stand China ganz unter fremder Herrschaft. 1272 ließ sich Qubilai zum Kaiser des geeinten Landes ausrufen und nannte seine Dynastie ‹Yüan› (‹Uranfang›). Er beanspruchte das Mandat des Himmels und berief sich damit auf eine Herrscherlegitimation, die von Nomaden wie Sesshaften verstanden und geteilt wurde. Die Hauptstadt des Reiches wurde jetzt nach Dadu (‹neu erbaute Große Stadt›), also nach Peking, verlegt. Auch wenn die herrschende Dynastie am Tängri-Kult festhielt, duldete sie die Religionen ihrer multiethnischen Untertanen.

Die mongolischen Eroberungen gingen unter den Nachkommen von Dschingis Khan weiter. Sie betrafen u.a. einen großen Teil der östlichen Länder des Islam, darunter Persiens und Bagdads, der Hauptstadt des Kalifats im Zweistromland selbst (1258). In Indien fiel Lahore, und zwischen 1253 und 1257 stießen die Bogenschützen des Nomadenreichs in die Provinz Yünnan und ins nördliche Vietnam vor; hier konnten sich die Mongolen allerdings nicht auf Dauer festsetzen. Im Osten wurde Korea 1270 unterworfen, dem Reich aber nicht eingefügt. Koreanische Könige regierten jetzt unter fremder Verwaltung und in engem Austausch mit der mongolischen Hauptstadt. Fast alle Herrscher des 13. und 14. Jahrhunderts wuchsen als Söhne mongolischer Mütter in Peking auf. Japan versuchten die Mongolen mit Flotten aus koreanischen Schiffen zu unterwerfen, scheiterten aber zweimal (1274 und 1281). In beiden Fällen retteten nicht die Befestigungsanlagen das Reich, sondern schwere Taifune, die die Japaner seither ‹Götterwind› (‹Kamikaze›) nennen.

Von den vier Khanaten, in die das Reich schon vor dem Ende der Eroberungszeit eingeteilt wurde und die jeweils ein Dschingiside regierte, reichte die Goldene Horde (1260–1480) vom Steppengebiet am Schwarzen und Kaspischen Meer über die russischen Fürstentümer bis in die sibirische Waldzone. Das Ilkhanat (1260–1335) erstreckte sich über den modernen Iran, Irak, Aserbaidschan, Teile Anatoliens und den Kaukasus und berührte nur im heutigen Turkmenistan nomadische Gebiete. Anders Tschagatei, das das städtische Milieu von Transoxanien mit Samarkand und Buchara mit den nomadisch dominierten Landschaften der Dschungarei vereinte; hier scheiterte Khan Tarmarshirin, als er die Sesshaftigkeit begünstigte, und wurde hingerichtet (1334).

China mit der Mongolei war unter der neuen Herrschaft also nicht das einzige Mischgebiet der Lebensstile. Ein kultureller Ausgleich ist aber auch den Großkhanen und Kaisern nicht gelungen; vielmehr entstanden Parallelgesellschaften. In der Hauptstadt selbst wurden die Chinesen streng vom Kaiserpalast getrennt. Der Herrscher ließ, um sich heimisch zu fühlen, in seiner Residenz ein Stück Steppe anlegen und lebte hier nur einige Monate im Jahr; sonst zog er Zelte an anderen Orten vor. Die Gesellschaft im Ganzen wurde von den Mongolen hierarchisch so gegliedert, dass es die Chinesen demütigen musste. An der Spitze standen die Eroberer selbst, gefolgt von Einwanderern, die in der Regel aus zentral- oder westasiatischen Experten bestanden. Auf der dritten Stufe folgten die ehemaligen Untertanen der Jin und erst auf der folgenden die Song-Chinesen. Herrschaft im Innern übten die Mongolen vor allem direkt aus. Eine zentrale Funktion kam in diesem Sinne mobilen Sekretariaten zu, die sich von der Zentralregierung ableiteten. Die regionale Administration war zuständig für die Steuereintreibung und auch den Zensus, den die Mongolen von den Chinesen übernommen hatten. Die Nomaden wurden ebenfalls besteuert, hatten aber Anspruch auf Anteil an der Beute allfälliger Eroberungen. Um unterworfene Populationen zu kontrollieren, wurden viele Verwaltungsposten doppelt besetzt, mit einem Einheimischen sowie mit einem Mongolen. Nördlich der Steppe, etwa bei den Stämmen der Mandschurei und in Sibirien, sowie an den Grenzen zu Tibet und Korea, konnte nur eine indirekte Administration durchgesetzt werden. Die Bevölkerungen dieser Gebiete mussten Tribute abliefern, am Zensus teilnehmen und bei Bedarf Heereskontingente stellen.

Überraschend schnell vollzog sich das Ende der Yüan-Dynastie; verantwortlich waren Machtkämpfe verschiedener Dschingisiden und Militärs, Aufstände, wirtschaftlicher Ruin und Naturkatastrophen (nicht aber die Große Pest). Aus einer der Rebellionen ging der Gründer einer neuen, nun wieder chinesischen Dynastie hervor, der ‹Taizu› (‹Großer Ahnherr›) genannt wurde. Unter den Ming (1368–1644) blieb das Reich geeint. Schon früh zeigten sich jetzt Zeichen der Selbstisolation. Unter dem Gründerkaiser musste ein offizielles Schriftstück beantragen, wer sich mehr als dreißig Meilen von seinem Haus entfernen wollte; Reisen ins Ausland waren ohne amtliche Erlaubnis bei Androhung der Todesstrafe sogar verboten. Andererseits führten die Ming ständig Kriege. Seit der Gefangennahme eines Ming-Kaisers durch einen Angehörigen der westmongolischen Oiraten und der Belagerung von Peking 1449 wurde die chinesische Außenpolitik defensiv. Die Große Mauer wurde in der heute bekannten Weise restauriert, und die Kulturen der Sesshaften und der Nomaden traten wieder deutlicher auseinander. Die Seemacht der Chinesen wurde Schritt für Schritt reduziert; 1525 befahl ein kaiserliches Edikt sogar die Zerstörung aller ozeantauglichen Schiffe. Dass der Außenhandel weiterging, lag an privat organisierten Fahrten und der grassierenden Piraterie.

2 Grenzüberschreitungen im Innern: Der Fernhandel

2.1 Die ersten Jahrhunderte

Die Funktionsfähigkeit des Handels für die trikontinentale Welt hing von den Straßen zu Lande und zu Wasser zwischen Westeuropa und China ab. Das mittelalterliche Jahrtausend konnte dabei an Leistungen und Praktiken der Antike anknüpfen, erweiterte und intensivierte alte Bindungen aber an mehreren Stellen in globalhistorisch relevanter Weise.

Die Seidenstraßen stellten einen Zusammenhang vom Gelben Meer bis zum Mittelmeer her. Aus vorgeschichtlichen Handelswegen regionalen Zuschnitts waren diese Karawanenwege mindestens seit dem 7. Jahrhundert v. u. Z. zu einem System zusammengewachsen, ohne dass sich eine zentrale Planung und Lenkung erschließen ließe. Am Ende des 2. Jahrhunderts v. u. Z.

haben sich der Straßen die Chinesen aus militärischen und kommerziellen Gründen bemächtigt. Wichtigster Ausgangspunkt wurde die Kaiserstadt Chang'an; von dort erreichten die Händler und anderen Reisenden über den Gansu-Korridor und verschiedene Wege um die Wüste Takla Makan Zentral- und Vorderasien und auf weiteren Routen das Kaspische, Schwarze und Arabische sowie das Mittelmeer. Die Chinesen waren an der Einkreisung der feindlichen Nomaden im Westen interessiert, dann aber auch am Bezug von Traubenwein und vor allem von Pferden aus dem Ferganatal. Als Gegengabe diente Seide. Wegen der großen Entfernungen und weil man sich durch die Wüste für den Transport nur auf Kamele stützen konnte, kamen als Handelsgut im Übrigen nur leichte Güter wie Perlen, Jade und andere Edelsteine in Betracht. Für schwere Güter und Massenware, also Pfeffer, Gewürze und Porzellan, sowie bei einer Unzugänglichkeit der terrestrischen Wege durch Krieg oder feindliche Besetzung standen als Alternativen die ‹nassen› oder ‹maritimen Seidenstraßen› zur Verfügung. Der historische Ursprung lag hier wiederum nicht bei China, sondern bei den Häfen, Händlern und Schiffen aus Indien, dem Mittleren Osten und Südostasien. Schon im Altertum waren Mittelmeer und Indischer Ozean zu einer ‹Transversale der Ökumene› (M. Borgolte) zusammengewachsen. Da die Parther die Überlandrouten zu den Karawanenwegen und die Meerespassagen durch den Persischen Golf blockierten, hatten die Römer eine neue Seeverbindung vom Roten Meer und durch den Indik erschlossen. Im frühen Mittelalter haben die muslimischen Eroberungen sowie die Aktivitäten der Chinesen die Bedeutung der ‹nassen Seidenstraßen› gesteigert. Nach dem Indologen A. Wink sei zwischen dem 7. und 11. Jahrhundert eine ‹indo-islamische Welt› entstanden, die weit über die unmittelbar muslimisch beherrschten Länder hinausreichte. Indien habe den Mittelpunkt einer ‹Welt-Ökonomie› mit dem Mittleren Osten und China als dynamischen Polen gebildet. Entscheidend sei gewesen, dass es den Anhängern der neuen Religion gelang, die beiden Einheiten des Mittelmeers und des Indischen Ozeans wirtschaftlich zusammenzufügen. Großes Gewicht hatte in der Ost-West-Passage auch der Aufstieg der malaiischen Halbinsel und des indonesischen Archipels. Etwa zur gleichen Zeit mit den Omaijaden und Abbasiden beziehungsweise mit den Tang und Song wurde hier das Reich von Srivijaya wichtig, das sich nicht mehr auf die Funktion eines südostasiatischen Umschlagplatzes beschränkte, sondern selbst Agrarprodukte und Edelmetalle exportierte. Eine Erweiterung der Handelskreise gegenüber der Antike brachte der Islam auch durch den Anschluss der innerafrikanischen Reiche.

Davon unabhängig bildete sich ein neuer Schwerpunkt im nordwestlichen Europa aus. Um das Jahr 600 traten die ‹nördlichen Meere› als wirtschaftliche Struktur besonders an den Küsten von Nordsee und Kanal hervor. Eine große Rolle spielte dabei, dass die Awaren und Slawen durch ihre Expansionen und Ansiedlungen in Osteuropa den Verkehr zwischen Donau beziehungsweise Schwarzem Meer und Ostsee unterbrachen. Die Skandinavier mussten für ihre Fahrten nach Süden jetzt die Route über die Nordsee nehmen. Beim Volk der Friesen an den Mündungen von Rhein und Ems entstand die Figur des Berufskaufmanns, aber der Radius dieser Händler erreichte noch nicht den transkontinentalen Austausch.

Der Beginn des mittelalterlichen Jahrtausends war handelsgeschichtlich durch ‹ewige Kriege› (B. Cunliffe) überschattet gewesen. China wurde nach dem Ende der Han in der Periode der ‹Sechs Dynastien› (220–581) von inneren Kämpfen zerrissen, während sich die Erosion des weströmischen Reiches, gefördert durch die Barbareneinfälle, als unaufhaltsam erwies. Die zweifellos verheerenden Folgen der Völkerwanderung für Wirtschaft und Gesellschaft konzentrierten sich, abgesehen vom Vandalenreich, fast ausschließlich auf die Nordseite des Mittelmeers. Für Gedeih oder Niedergang des Fernhandels waren aber die Schiffstransporte über das Meer entscheidend. Hier verkehrten die Fahrzeuge, die seit dem 1./2. Jahrhundert die Stadt Rom mit Öl, Getreide und Wein aus Nordafrika versorgt hatten. Karthago war der wichtigste Exporthafen, und eine ähnliche Bedeutung für Konstantinopel hatte im Osten Alexandria. Bezogen auf diese beiden nordsüdlichen Achsen, die auch untereinander verbunden waren, schreibt die Forschung dem Mittelmeer den Rang eines ‹Weltsystems› zu. Allerdings handelte es sich nicht in erster Linie um freien Handel, sondern vor allem um Warenverkehr im Rahmen der Besteuerung. Mit der Einnahme Karthagos durch die Vandalen und der Verselbstständigung dieses Germanenreiches (439/442) entfiel die Abgabenpflicht der Provinzialbevölkerung gegenüber dem Imperium, dessen ‹Steuerrückgrat› zerbrach (Ch. Wickham). Im östlichen Mittelmeer waren die Verhältnisse anders, da Konstantinopel römisch blieb.

Der Niedergang des mediterranen Fernhandels zwischen dem 4. und 6. Jahrhundert wird durch den archäologischen Befund belegt, dass die Anzahl der Schiffswracks aus dem späten Imperium gegenüber den Zeiten der Republik und frühen Kaiserzeit stark abgenommen hat. Andererseits lässt sich durch Keramikfunde aus Nordafrika belegen, dass die Vandalen die römische Produktion und den Export im ganzen Mittelmeerraum fortgesetzt haben. An die Stelle des staatlich organisierten und fiskalisch motivierten Fernhandels trat der freie oder ‹private› Handel. Das mittelmeerische System der Antike wurde bis ins 7. Jahrhundert zwar gestört und teilweise stark eingeschränkt, hat aber im Ganzen überdauert.

Zu einem ähnlichen Ergebnis kommt man bei der Analyse der Verbindungen zwischen Zentralasien und China. Hier spielte das Händlervolk der Sogdier eine Schlüsselrolle; es war um Samarkand angesiedelt, brachte es aber nie zu einem eigenen Staat, sondern bildete sein Netzwerk unter Herrschaft verschiedener anderer Völker aus. In der Han-Zeit nahmen die Sogdier Kontakte mit China auf und errichteten ihre Kolonien entlang der südlichen Seidenstraße und des Gansu-Korridors. Als die Xiongnu die Chinesen im frühen 4. Jahrhundert zum Exodus in den Süden ihres Landes zwangen, kam es zu einer ersten Unterbrechung der Handelsbeziehungen, die aber nicht von Dauer war. Das Gleiche gilt für die Wirkungen, die die ‹Hunnen› bei ihren Vorstößen und die Herrschaften der Hephthaliten und Türken erzielten. Mit den Türken gingen die Sogdier eine enge Symbiose ein. Ein Zollverzeichnis von Astana aus den Jahren 610 und 620 belegt, dass die Sogdier im Tarimbecken fast ein

Warenmonopol innehatten. In den Osten exportierten sie Gold und Silber, Parfüm, Safran, Messing, Heilkräuter, Ammoniak, Rohrzucker u. a. Auch in China selbst siedelten sie sich an, darunter in den Hauptstädten. Seit 679 konnten zahlreiche sogdotürkische Familien in den großen Bogen des Gelben Flusses übersiedeln und Pferdezucht betreiben; hier im Ordos-Gebiet entstand ein umfassendes System von Märkten, auf denen jährlich gigantische Mengen an Tieren gegen hunderttausende Stück Seide eingetauscht wurden. Auch in Turfan (am Nordrand des Tarimbeckens) sind Sogdier im Pferdehandel belegt. Erst Mitte des folgenden Jahrhunderts verloren sie die Gunst der Chinesen.

Aufkommen und Verbreitung des Islam bedeuteten für den interkontinentalen Handel eine Schwerpunktverlagerung, aber keinen Systemwechsel. Im Osten markierte die Besetzung von Sind, der Region am Indus, den Durchbruch für die Kontrolle des Fernhandels (710/712). Bagdad am Tigris avancierte zum größten Hafen der Welt, und der Persische Golf verdrängte das Rote Meer bei der Passage nach Indien. Basis der muslimischen Wirtschaftskraft war die Verfügung über riesige Mengen an Gold durch Plünderungen der sasanidischen Paläste, byzantinischen Kirchen und wohl gar der Pharaonengräber in Ägypten. Das Silber kam u. a. aus Armenien, dem nördlichen Iran und Zentralasien. Schon 696/698 ersetzte der Kalif den byzantinischen Solidus durch die Goldmünze des Dinars und die sasanidische Drachme durch die Silbermünze des Dirhams. Neue Wechselkurse kurbelten den allgemeinen Warenaustausch an. Die muslimische Wirtschaft wurde so stark, dass sie die politische Fragmentierung des Kalifats überstehen konnte. Eine weitere Stütze war der extensive Gebrauch von Sklaven. Man schätzt, dass die Araber zwischen 900 und 1100 1 740 000 dunkelhäutige Sklaven über die Transsahararoute in den Handel brachten. In der Zeit zwischen 850 und 1000 erreichte die Jahresrate von Schwarzafrikanern, die über den Indischen Ozean nach dem islamischen Asien verschleppt wurden, knapp 10 000 Menschen. Der Höhepunkt des Vertriebs lag beim jährlichen Hadsch. In der Pilgersaison strömten Sklavenhändler oder ihre Agenten aus der ganzen muslimischen Welt nach Mekka, um ihre Geschäfte mit den Pilgern zu machen, die auf dem Heimweg häufig ein oder zwei Haussklaven mit sich nahmen. Abgesehen von Afrika waren die eurasischen Steppen mit ihren türkischen Nomaden Quellen der Sklavenmärkte. Explizite Zeugnisse über das indische Warenangebot im muslimischen Handel sind selten. Die Lage der Handelsemporien und -diasporen lässt aber darauf schließen, dass aus und über Indien die gleichen kostbaren Güter geliefert wurden wie in griechisch-römischer Zeit: Pfeffer vor allem von der Malabarküste, andere ‹Gewürze›, Salben, medizinische Heilmittel, Gifte und Gegengifte, Duftstoffe, Weihrauch, Ingwer, Aloë-Holz, Narde, Lavendel, Ambra, Weide, Kampfer, Myrobalanen, Nelken, Muskat, Sandelholz, Moschus, Zimt, Kardamom, Rhinozeros-Horn und Elfenbein. Daneben wurden noch weitere, auch nichtbiologische Kostbarkeiten ins Kalifat geliefert: Juwelen, Kristall, Steine und Diamanten, Blei und Holz verschiedener Art, Hanf, Indigo, Leder, Reis und Getreide. Ein wichtiges Exportgut aus Gujarat und Bengalen waren Textilien – Seide, Brokat, Baumwolle und Jute. Von besonderer Bedeutung waren indischer Stahl und Stahlprodukte wie Schwerter. Die Handelsbilanz mit Südasien glichen die muslimischen Länder, abgesehen von Gold- und Silbermünzen, vor allem mit Pferden aus Arabien und Persien aus; der Irak und Aden lieferten Kupfer, Blei, Papier, Teppiche und Chemikalien.

Ungeheure Mengen arabischer Münzen gelangten zwischen ca. 780 und Mitte des 10. Jahrhunderts auch nach Ost- und Nordeuropa. Die archäologischen Funde von Darāhim in Russland und im Baltikum sowie in angrenzenden Ostseestaaten summierten sich bis zum Jahr 2000 bereits auf mehr als 228 000 Stücke, und jährlich kommen viele neue hinzu. Die Münzen lagen einzeln, vor allem aber in ‹Schätzen› oder ‹Depots› in der Erde. Natürlich kann es sich bei dem verlorenen oder absichtlich vergrabenen Material nur um einen Teil des tatsächlich umgelaufenen Geldes handeln; in Hochrechnungen wird für das 10. Jahrhundert mit einer Zufuhr von 50 bis 100 Millionen Dirham-Stücken nach Russland spekuliert. Die Mengen lassen sich kaum auf Tributforderungen und Raub zurückführen, sondern erklären sich größtenteils durch Handel oder Gütertausch. Allerdings bedeuten die Deponierungen in der Erde auch, dass das Silber überschüssig war und im binnenrussischen Geschäft wie im Warenverkehr über die Ostsee kaum benötigt wurde. Das Wirtschaftssystem in Osteuropa war offensichtlich noch nicht auf eine extensive Geldwirtschaft eingestellt.

Die Funde gingen auf das Vordringen der Wikinger (Waräger) aus Skandinavien zurück, die entlang der großen Flüsse Handel im Chazarenreich, bei den Wolgabulgaren oder direkt mit dem Kalifat treiben oder Beute machen wollten. Nach arabischen Schriftquellen gehörten zu den wichtigsten Ausfuhren der Skandinavier oder auch der Slawen und Finnen Sklaven, Pelze (Zobel, Hermelin, Marder, Fuchs, Biber), andere Felle und Häute, Honig und Wachs. Aus dem Westhandel begehrt waren auch fränkische Schwerter; schon Karl der Große hatte den Abfluss von Waffen nach Osten befürchtet.

Im Mittelmeer hatte das maritime Zeitalter des Islam mit der Einnahme Alexandrias und der Flottenexpedition des späteren Kalifen Muawija nach Zypern in den 640er Jahren begonnen. Grundlage für die Präsenz der Araber waren ihre erfolgreichen Kriegszüge in der Levante und Nordafrika, aber die mediterranen Inseln konnten sie nicht oder nicht auf Dauer besetzen. Erst recht blieb ihnen die Nordküste des Meeres mit Marseille, Rom und Konstantinopel entzogen. So wurde dieses große Gewässer niemals ein muslimisches Meer, sondern an ihm partizipierten weiterhin das Kaiserreich im Osten und die neuen christlichen Mächte im Westen. Ein Hindernis für die muslimische Expansion waren auch die Tabuisierung der Seefahrten, die auf Mohammed selbst zurückging, und das religiöse Gebot, die Länder der Ungläubigen zu meiden. So bewegten sich christliche Seefahrer freier, und zwar auch in muslimischen Ländern.

Aus der ‹Geniza› (Ablage) einer jüdischen Gemeinde in Fustat (Kairo) sind durch einen glücklichen Umstand Tausende von Dokumenten arabisch sprechender Juden erhalten geblieben, die sich als Händler auf den Herrschaftsbereich des Islam beschränkten. Mit ihren europäischen Glaubensgenossen pflegten diese orientalischen Juden hingegen keine Geschäftsbeziehungen von Bedeutung. Der nachweisbare Handel von Fustat erstreckte sich bis Spanien einerseits und Indien andererseits. Die Konzentration lag aber auf den Kontakten zwischen Ägypten und Tunesien oder Sizilien. Über den Umfang des Warenverkehrs bieten die erhaltenen Briefe zwar aufschlussreiche Details, aber kaum quantifizierbare Angaben. Europäer begegnen in der Überlieferung auf Schritt und Tritt; Bauholz wurde auf ihren Schiffen nach Ägypten geliefert, während sie Alexandria anliefen, um Pfeffer, Zimt, Ingwer und auch Dufthölzer einzukaufen.

Auch zwischen dem muslimischen al-Andalus und dem christlichen Europa wurde ein beachtlicher Handel getrieben. Eine Schlüsselrolle spielte der Export von Papier aus Spanien. Hervorragenden Anteil an den Geschäftsbeziehungen hatte wiederum der Handel mit unfreien Menschen, diesmal von Slawen durch die Franken. Nach neueren Berechnungen sollen zwischen 912 und 961 allein 10000 Sklaven nach Cordoba ausgeführt worden sein. Keineswegs kann im westlichen Mittelmeer von einer Dominanz der Muslime die Rede sein. Sogar der Arm von Byzanz reichte noch bis hierher; zwischen 697 und 901 lassen sich allein fünfzehn Expeditionen seiner Kriegsschiffe nach Sizilien und Afrika nachweisen. Näher lagen aber natürlich Interventionen und Handelsaktivitäten römisch-katholischer Christen aus Italien und den lateinisch geprägten Reichen von Europa. Insbesondere gilt das für die Herrschaft der Karolinger. Der amerikanische Historiker Michael McCormick hat für die Zeit von ca. 700 und ca. 900 die Mittelmeerpassagen christlicher Reisender geprüft und eine Renaissance des Handels durch das Tyrrhenische Meer im Westen und durch die Adria mit Venedig nachgewiesen. Entscheidendes Stimulans sei die Verbindung der Frankenherrschaft mit Italien und damit die Zunahme des Wirtschaftsverkehrs über den Rhein und die rätischen Alpenpässe gewesen. McCormick geht so weit, aus seinen Befunden die Anfänge des kommerziellen Handels im lateinischen Europa überhaupt abzuleiten. Dafür macht er als entscheidenden Partner der westlichen Christenheit die Welt des Islam namhaft. Die westeuropäischen Händler hätten nicht Byzanz, sondern die Ökonomien der Muslime als beste Partner für ihren Profit bestimmt, denn «dort lag im achten und neunten Jahrhundert das Geld».

Die Rolle der Juden als Mittler im Handel zwischen Ost und West, Christen und Muslimen wird im frühen Mittelalter nicht nur durch die Geniza-Dokumente belegt, aber ihr Gewicht hat man neuerdings in Zweifel gezogen (M. Toch). Ein singuläres Zeugnis von 885/886 belegt jüdische ‹Kaufleute des Meeres›, die auf vier Routen zwischen dem ‹Frankenland›, Spanien oder dem ‹Land der Slawen› und Ostasien verkehrten; sicher ist anzunehmen, dass sie in der Regel nicht die ganze Strecke bestritten, sondern einander von Station zu Station ablösten.

China selbst war seit dem Altertum bis ins 12. Jahrhundert ein weitgehend passiver Partner im Überseehandel. Wenn sich Chinesen auf Handelsfahrt begaben, benutzten sie in aller Regel Schiffe fremder, besonders persischer und arabischer Herkunft. Neue Forschungen haben aber ergeben, dass sich einige Herrscher der Tang um eine Förderung des Außenhandels bemühten. Ein bemerkenswertes Zeugnis für den chinesischen Direkthandel mit dem Westen hat die Unterwasserarchäologie zutage gefördert. Vor der indonesischen Insel Belitung (östlich von Palembang) wurde das Wrack eines Schiffes entdeckt, das etwa im Jahr 826 untergegangen sein muss. Es handelte sich um eine indo-arabische Dau, die weitgehend mit chinesischer Keramik beladen war.

Ansätze zu einer neuen Periode der Handelsgeschichte zeigten sich zur gleichen Zeit auch im westlichen Mittelmeer. Hier unterstand Byzanz Neapel in Unteritalien mit den anderen Küstenstädten Amalfi und Gaëta. Amalfi befreite sich schon 839 von dieser Zugehörigkeit und gab sich eine republikanische Verfassung. Byzanz betrachtete die kleine Stadt aber weiterhin als Durchgangsstation für seine Schiffe und stattete es mit dem Vorrecht des freien Zugangs zu allen seinen Häfen aus. Die Amalfitaner Kaufleute konnten Stützpunkte in den wichtigsten Handelsstädten des Mittelmeerraums errichten, in Konstantinopel ebenso wie in Beirut, Jaffa, Antiochien, Jerusalem, Alexandria und Dyrrhachion, auf Zypern und auf Malta. In eigenen Stadtvierteln verfügten sie über Kirchen, Warenmagazine, Geschäfte, Badehäuser, Herbergen und Spitäler. Zum Jahr 996 ist ein Kontor der Amalfitaner im Arsenal von Alt-Kairo bezeugt. In Jerusalem gründeten sie um 1070 ein Hospiz und Krankenhaus, auf dem Berg Athos ein Kloster. Allerdings kann man bei Amalfi wohl noch nicht von den Anfängen des Kolonialismus sprechen, denn dazu hätte die Ausbeutung fremder Gebiete zugunsten der Mutterstadt gehört.

2.2 Die mittleren Jahrhunderte

Die maritime Transversale von Mittelmeer und Indischem Ozean, die vor allem ein Werk muslimischer Händler und Potentaten gewesen war, zerbrach bald nach der Jahrtausendwende. Auf den Meeren traten eine europäische und eine asiatische Zone stärker auseinander, diese wurden aber auch durch neue Kettenglieder miteinander verbunden. Enger und intensiver als zuvor wurde der Austausch beider Kontinente auf terrestrischen Handelswegen.

Als entscheidender Faktor des Wandels im Mittelmeer erwies sich der Abzug der Fatimiden von Nordafrika nach Ägypten. An ihre Stelle im Maghreb traten Berberdynastien geringerer Reichweite, Beduinen aus dem Osten und Piraten. Die neuen nordafrikanischen Machthaber waren durchaus daran interessiert, am Mittelmeerhandel teilzunehmen, doch war ihr Handicap, dass sie offenbar selten über eine eigene Flotte verfügten. Seit der zweiten Hälfte des 11. Jahrhunderts wurde ihre Entfaltung auch durch die Lateiner eingeschränkt. Die Normannen, die in Unteritalien beachtliche Erfolge erzielten und Sizilien einnahmen, griffen zeitweise auch auf die afrikanische Gegenküste über, konnten sich dort aber nicht auf Dauer festsetzen. Seit Mitte des 12. Jahrhunderts unterhielten die Almohaden eine Flotte, die den Warenverkehr des afrikanisch-spanischen Reiches schützte. Wie eingeschränkt der Radius der nordafrikanischen Herrschaften jetzt trotzdem war, lässt sich auch an den ägyptischen Zeugnissen des jüdischen Handels ablesen. Die dort belegten Händler benutzten für Fahrten in der mediterranen muslimischen Welt Schiffe aus Genua, Pisa, Gaëta und anderen christlichen Städten.

Für die Fatimiden hatte sich der Wechsel in den Osten bezahlt gemacht. Sie profitierten hier von der Eigenproduktion des Landes und vom Transithandel. Grundlage des Staatseinkommens waren zum einen Steuern auf landwirtschaftliche Erzeugnisse (Getreide, Flachs) und industrielle Produkte (Textilien, Woll- und Leinenstoffe, Brokate); dazu kamen Erträge aus dem Alaunabbau im benachbarten Libyen und aus der Papierherstellung im libanesischen Tripolis. Alle diese und andere Erzeugnisse wurden nach Byzanz, Italien, Spanien und Nordafrika exportiert. Zum anderen profitierte das Reich von den Zöllen für Güter, die zumeist über Aden und das Rote Meer aus Indien und Fernost angeliefert wurden. Das Gold kam aus Nubien. In Alexandria trafen sich lateinische und muslimische Kaufleute. Dem von christlichen Händlern beherrschten Mittelmeer stand der muslimische Handel gegenüber, der sich weitgehend auf den Indischen Ozean und zuführende Wasserwege zurückgezogen hatte.

Auch wenn Benjamin von Tudela (1159/1173) noch den Reichtum von Konstantinopel und dessen zentrale Position im östlichen Mittelmeer beschrieb, ging der Anteil der Byzantiner am Fern- und Nahhandel zugunsten der Italiener zurück. Den Venezianern, Genuesen und Pisanern zwischen 950 und 1350 attestiert die Forschung sogar eine ‹kommerzielle Revolution› (S. Lopez), die von ‹Republiken› getragen wurde. Der Kern der politischen Neuorganisation bestand in Kommunen, die die Stadtbürger durch genossenschaftlichen Eid zum gegenseitigen Vorteil zusammenschlossen. Hinter der Kommunebildung standen die Bedürfnisse des freien Handels. Nach dem Vorbild Amalfis errichteten die ‹Seestädte› Niederlassungen im ganzen Mittelmeerraum, gingen aber durch Koloniengründungen darüber hinaus. Ansiedlungen mit Dauermigranten oder saisonalen Pendlern sorgten für die Ausbeutung ferner Länder.

Erstes Ziel der Venezianer war die Kontrolle der Adria, ursprünglich im Auftrag und Einverständnis des Kaiserreichs, dann nur noch zum eigenen Vorteil; als Hauptgegner erwiesen sich die Muslime und später die Normannen. Das Tyrrhenische Meer war eine Domäne von Pisanern und Genuesen. Die Konkurrenz um Ressourcen und Handelsvorteile veranlasste die Kommunen, insbesondere Pisa und Genua, auch zu bewaffneten Konflikten. Bis zu Beginn des 14. Jahrhunderts drangen auch die Handelsschiffe spanischer Reiche im westlichen und zentralen Mediterraneum vor und trugen zur Errichtung eines ‹Mittelmeerreiches von Aragon› bei.

Im östlichen Mittelmeerraum wurde Venedig ein weitgehendes Handelsprivileg durch Kaiser Alexios I. (1082) gewährt. In Konstantinopel und Dyrrhachion erhielt die Adriarepublik Quartiere mit eigenen Häusern und Abgabenermäßigungen in einer Reihe weiterer Städte und Häfen, die sie sogar mehr begünstigte als die Byzantiner selbst. Einen nachhaltigen Schub zur Verlagerung ihrer Aktivitäten nach Osten erfuhren alle lateinischen Handelsmächte durch die Kreuzzugsbewegung. Jetzt konnten sie sogar Kolonien mit exterritorialem Status bilden, in denen das heimische Recht auch für die eingesessene Bevölkerung galt. Die Eroberung Konstantinopels durch die Ritter des Vierten Kreuzzugs 1204 machte Venedig zum Teilherrn der Hauptstadt und zur dominanten Handelsmacht im maritimen Umkreis, mit der nur noch Genua konkurrierte. Zum ersten Mal gewannen die Handelsschiffe und Flotten der Lateiner freie Zufahrt zum Schwarzen Meer. Allerdings hat erst die Besetzung des Pontusgebiets durch die Mongolen Venedig ermöglicht, in Soldaïa auf der Krim eine Handelsniederlassung zu errichten (1253). Genua konzedierte der Khan der Goldenen Horde 1270/1275 einen Stützpunkt in Kaffa, während die Ligurer seit den 1280er Jahren auch Trapezunt frequentierten.

Nach dem Ausgang der Kreuzzugszeit drehten die Mamluken in Ägypten dem Mittelmeer endgültig den Rücken zu. Sie profitierten enorm vom Indienhandel, den sie praktisch den ‹Karimis›, einem Kaufleute-Konsortium, überließen. Auch wenn Araber nach wie vor bis zu den Häfen im Osten Chinas fuhren, wurden die Touren jetzt stärker in Südindien und auf den südostasiatischen Inseln geteilt. Diese Segmentierung bot wirtschaftliche Vorteile, trug aber vor allem den Monsunperioden mit ihrem saisonalen Wechsel Rechnung und erhöhte die Effektivität der Segeltouren. Muslimische Stützpunkte gab es an allen angelaufenen Küsten. Unter den Händlern befanden sich neben Persern auch Inder, was durch die Reichsbildung der Colas gefördert wurde. Christliche Europäer, die sich auf die maritimen Handelswege des Ostens begaben, taten dies als Gäste von Andersgläubigen.

Ein neuer prägender Faktor im asiatischen Meereshandel wurde das China der Song- und Yüan-Dynastien. Unter den Song beschleunigte sich die in der Tang-Zeit begonnene Transformation oder Modernisierung des Landes. Grundlage war eine kontinuierliche Zunahme der Bevölkerung seit Beginn des 11. Jahrhunderts. Nach den regelmäßigen Zensus-Aufnahmen lag die Zahl der Haushalte bei 9 Millionen, 1190 waren es schon über 19 Millionen. Zunächst war der Norden führend, dann kehrte sich die Reihenfolge um. Im Unterschied zum Norden hatte der Süden eine lange Zeit des Friedens gehabt und verfügte über große Reserven fruchtbaren Ackerlands. Agrartechnologische Innovationen, wie spezielle Pflüge für wechselnde Böden, trugen das Ihre dazu bei. Besonders wichtig war die Übernahme des Champa-Reises aus Vietnam. Verbesserte Geräte und Techniken wurden auch für die Seidenproduktion, die Metallbearbeitung und beim Brennen von Keramik entwickelt. Der Bootsbau wurde verbessert, ein Schiffsbauprogramm aufgelegt und der Wassertransport auf Flüssen und Kanälen organisatorisch optimiert. Im Bereich der Wirtschaft setzten Kaiser und Beamte entschiedener als je zuvor auf eine Kommerzialisierung und Monetarisierung des Binnen- und Außenhandels. Der Staat weitete seine Geldemission drastisch aus. Im Vordergrund standen die sogenannten Kupfermünzen, bei denen es sich tatsächlich um Bronzen handelte. Die Nördliche Song-Dynastie führte auch verschiedene Arten von Papiergeld ein; dazu kamen neue Formen des Kreditwesens und von Handelspartnerschaften.

Im Außenhandel beanspruchte der Staat zunächst ein Monopol. Da China auf den Import von Pferden angewiesen war, wurde der private Handel mit ihnen 981 verboten. Handelspartner unter den Nomaden waren besonders die Khitan, von denen die Chinesen auch Pelze, Wollkleidung, Teppiche, Brokat, Silber und Gold, Sklaven, Nutzholz und wohl sogar Eisenrüstungen gegen Seide, Seidenbrokate, Tee, Waffen, Meeresprodukte, Ingwer, Orangenschalen sowie Färbe- und Heilmittel eintauschten. Für den Aufschwung des maritimen Handels sorgte die Einrichtung von zehn Schifffahrts- und Überseeämtern, die den Im- und Export mit Übersee regelten. Im 11. Jahrhundert wurde vorgeschrieben, dass alle Missionen ins Land den riskanten Weg durch Nomadengebiete meiden und die Seefahrt wählen mussten. 1090 erteilten die Behörden die Erlaubnis, dass eigene Schiffe mit dem Ziel fremder Länder von mehr als den herkömmlichen Häfen auslaufen konnten, wenn sie sich registrieren ließen. Damit war man nicht länger darauf angewiesen, was ausländische Schiffe ins Land brachten. Das späte 11. Jahrhundert markierte also den Beginn des aktiven chinesischen Handels über das Meer.

Allerdings muss man sich klarmachen, dass dieser ‹internationale› Handel nur einen kleinen Anteil des chinesischen Steueraufkommens generierte. Soweit statistische Daten verfügbar sind, lag die Quote bei rund 1–2%. Was China in den Handel brachte, war eine große Menge wertvoller Produkte, besonders Keramiken, Seiden und Metalle. Für die Herstellung hochwertigen Porzellans hatte das Reich in den Perioden der Song und Yüan praktisch ein Monopol. Ein nicht unproblematisches Handelsgut waren Metalle, da für den innerchinesischen Gebrauch fehlte, was von ihnen in den Export ging. Eisen wurde für Waffen, Messer und Ackergerät benötigt, Gold und Kupfer spielten eine große Rolle im religiösen Kult, Silber und Kupfer bei der Münzproduktion. Den Abfluss von Bronzemünzen von Sichuan zu den Tanguten und Khitan verbot die Regierung vergeblich in den 1040er Jahren. Als sich der Außenhandel mit Japan steigerte und die Wirtschaft auch in diesem ostasiatischen Inselreich prosperierte, musste die chinesische Regierung wiederum den Export ihrer Münzen untersagen (1179). Eisen wurde von China nach Java und in die Philippinen ausgeführt; obwohl in diesen Ländern teilweise große Vorkommen des Metalls bekannt waren, fehlte es dort an einer entsprechenden Industrie.

Der chinesischen Ausfuhr standen Importe vor allem von natürlichen Gütern gegenüber. Dazu gehörten wiederum Sklaven beiderlei Geschlechts, vor allem aus Annam.

Im zweiten Viertel des 13. Jahrhunderts verschlechterte sich die ökonomische Lage des Reiches erheblich. Teilweise war das auf den dynastischen Niedergang der Song, teilweise auch auf die Abkühlung des Klimas zurückzuführen. Dazu kam die Invasion durch die Mongolen mit ihren fürchterlichen Folgen. Die Hauptstadt Hangzhou fiel 1276. Die neue Regierung pflegte die Handelsschifffahrt ihrer chinesischen Vorgänger weiter und baute sie aus. Der mongolische Hof senkte sogar die Abgaben, um den Fernhandel anzukurbeln; Qubilai ließ auch den ‹Großen Kanal› wiederherstellen, der die Hafenstädte Zaiton und Hangzhou mit Dadu (Peking), der neuen Hauptstadt, verband. Durch die Reichsbildung der Dschingisiden gewann China wiederum Zugang zum transkontinentalen System der Seidenstraßen, das ihm Khitan, Jurchen und Tanguten jahrhundertelang versperrt hatten. Ihren Eroberungen folgend errichteten die neuen Herren auch ein exzellentes Kommunikationssystem. Da es den Mongolen gelang, alle muslimischen Länder diesseits von Syrien und der Ostgrenze von Byzanz zu erobern, wurden vornehmlich Muslime ihre Partner im Handel und bei der Entwicklung der Wirtschaft. Das führte auch zu einem beachtlichen Zustrom von Angehörigen dieser Religion nach Ostasien. Unter Ögödei (1229–1241) und Güyük (1246–1248) erreichten die muslimischen Kaufleute im Reich der Mongolen ihren größten Einfluss. Ögödei wies an, dass für die Handelswaren von auswärts 10% über dem geforderten Preis gezahlt werden sollte, um die Händler im Lande zu halten. Das Resultat war ein enormer Zufluss von Textilien. Unverzichtbar aus militärischen und kommerziellen Gründen waren wie schon bei den früheren chinesischen Herrschaften die Pferde. Die Yüan betrieben sogar eine eigene Zucht, verlangten von den Nomaden eine Pferdesteuer und scheuten sich bei Bedarf nicht vor Requirierungen der Tiere bei Privatleuten.

Die Reichsbildung der Mongolen begünstigte auch die westchristlichen Händler; diese konnten jetzt über die innerasiatischen Straßen reisen, ohne dass sie von Muslimen behelligt wurden. Das war zweifellos eine globalhistorische Zäsur. Für den Direktkontakt mit China waren die Gebrüder Polo aus Venedig 1260 unter den Lateinern die Pioniere. Sie waren mit Schmuckstücken als Handelsware unterwegs. Obgleich der ganze Weg entbehrungsreich und zeitraubend war, folgten den Polos ungezählte andere Lateiner, die meisten von ihnen wiederum Venezianer sowie Genuesen. Einige von ihnen richteten in Ostasien Kontore ein, erwarben Grundbesitz, gründeten Familien und wurden zu echten Migranten. Diese Periode des globalen Fernhandels endete allerdings schon wieder 1371. Ein Grund dafür war sicher der Sturz der Yüan-Dynastie drei Jahre zuvor.

Ebenso bedeutend wie die Änderungen bei den eurasischen Kommunikations- und Handelswegen war in den mittleren Jahrhunderten des Mittelalters die Integration Europas nördlich der Alpen und Pyrenäen in transmarine Zusammenhänge. Fernhandel als dichtes, multipolares und nachhaltiges System der Versorgung mit Waren bedarf eines feingewebten Netzes von Städten mit regelmäßigem Marktgeschehen und hoher Mobilität seiner Teilnehmer. Diese Voraussetzung hatte Europa im frühen Mittelalter aber noch weitgehend gefehlt. Zwischen dem 11. und 14. Jahrhundert nahm die Urbanisierung geradezu explosionsartig zu. Grundlage dafür waren, ähnlich wie für die Umbrüche in China, eine starke Zunahme der Bevölkerung und eine Erhöhung der landwirtschaftlichen Produktivität. Diese führten zu Migrationen vom Land in die Stadt, zur Erschließung von binnenländischen und neukolonisierten Bodenreserven und zu gewerblicher Differenzierung in großem Stil. Technische Inventionen und Innovationen, etwa durch die Erfindung des vierrädrigen Wagens oder mit reduziertem Aufwand betriebener und kapazitär erweiterter Schiffstypen, antworteten auf den Bedarf an größeren und schnelleren Transporten. Die ‹Wiedergeburt der Städte› in Europa war durch einen ‹Vorrang der ökonomischen Funktion› (J. Le Goff) charakterisiert; dieser trat durch eine Monetarisierung der Wirtschaft durch gesteigerte Produktion von Münzen und den Schutz der Kaufleute auf ihren Wegen durch die politischen Herrschaften in Erscheinung.

Nicht zuletzt kam es auf die Bereitschaft und Fähigkeit der Händler selbst zur Kooperation zum gegenseitigen Vorteil an. Ebenso wie sich Bürger in den Städten in ‹Kommunen› genossenschaftlich zusammenschlossen, taten dies auch die Händler in ‹Gilden›. Städte und Kaufleute, die ihre eigenen wirtschaftlichen Interessen gegen andere zur Geltung bringen wollten, bildeten seit dem 13. Jahrhundert ‹Hansen›. Die ersten ausdrücklich belegten Zusammenschlüsse dieser Art sind für Flamen belegt, die mit England Woll- und Tuchhandel trieben. Die bekannteste Hanse und die größte Handelsorganisation des europäischen Mittelalters überhaupt war die deutsche Hanse. Entstanden aus einem Zusammenschluss norddeutscher Kaufleute seit der Mitte des 12. Jahrhunderts und zunächst vor allem konzentriert auf die Ostsee, umfasste sie am Ende fast 200 See- und Binnenstädte; sie lagen zwischen dem Zuidersee in Holland und dem Finnischen Meerbusen sowie zwischen der Ostseeinsel Gotland und Thüringen. Bis Mitte des 13. Jahrhunderts waren die Hansekaufleute Wanderhändler. Sie begleiteten also ihre Ware selbst, setzten sie gewöhnlich im Tauschhandel ab und kehrten in ihre Heimat mit den in der Fremde erworbenen Gütern zurück. Im 13. Jahrhundert trat daneben oder an ihre Stelle der Unternehmer, der einen Diener mit der Aufgabe des Vertriebs auf Reisen betraute. Da der Kaufmann nicht mehr dauernd unterwegs sein musste, konnte er Geschäfte an verschiedenen Plätzen gleichzeitig betreiben und seine Umsätze steigern.

Ein herausragendes Instrument des mitteleuropäischen Handels wurden die Messen, also jährliche Märkte von überregionaler Bedeutung. In England sind eine Reihe von ihnen im 12. Jahrhundert belegt, die offenbar unmittelbar nach der Schafschur von flämischen Wollhändlern besucht wurden. In einigen Regionen bildeten sich Reihen von Handelstreffen heraus, die terminlich aufeinander folgten und im Ganzen einen andauernden Markt ergaben. Die wichtigste Sequenz dieser Art bildeten die Champagne-Messen, die in der namengebenden französischen Land- und Grafschaft seit Mitte des 12. Jahrhunderts auf vier Städte konzentriert wurden. Import und Vertrieb der flämischen Tuche war der erste Schlüssel zu ihrem Erfolg. Die andere

Determinante des Aufstiegs war, dass italienische Kaufleute hierhin kamen und gegen Tuche Kostbarkeiten aus dem Orient, wie Gewürze und Seiden, handelten. Diese Mittlerqualitäten machten die Champagne-Städte, wie man gesagt hat, zum «Herzland des nordeuropäischen Eintritts in die Weltökonomie des 12. und 13. Jahrhunderts» (J. Abu-Lughod).

Ein besonders wichtiger Beitrag der Italiener zum Marktgeschehen war die Abwicklung des Geldhandels, der für sie seit Mitte des 13. Jahrhunderts sogar den Warenverkehr an die zweite Stelle rückte. Geldwechsler, die einheimischen und reisenden Kaufleuten den Umtausch fremder Münzen und Edelmetallbarren ermöglichten und auch Dienstleistungen von Banken übernahmen, waren bereits vor 1200 in Genua nachgewiesen. Der bargeldlose Zahlungsverkehr mit Wechselbriefen wurde wahrscheinlich auch im Rechtskreis von Genua in derselben Zeit erfunden. Für internationale Messen wie in der Champagne bedeutete die Anwendung dieses Mediums eine enorme Erleichterung.

Der Niedergang der Champagnemessen begann im 14. Jahrhundert. Ein Faktor dafür war die Annexion der Grafschaft durch die französische Krone, ein anderer die Entfaltung des anglonormannisch-angevinischen Reiches, das sich auch als großer Handelsraum von England über den Kanal bis zu den Pyrenäen darstellte. Überdies entwickelte Genua mit seinen Schiffen eine regelmäßige Handelsverbindung entlang der Atlantikküste.

2.3 Die letzten Jahrhunderte

Die Vertreibung des letzten Yüan-Kaisers aus Dadu 1368 bedeutete für die Chinesen die Befreiung aus einer mehr als hundertjährigen Fremdherrschaft der Mongolen. Zwar bewahrte China unter der neuen Dynastie der Ming seine starke Dominanz in Ostasien, aber sein Spielraum war doch eingeschränkt durch die Mongolen, die sich nur hinter die Grenzen des Reiches nach Norden zurückgezogen hatten, und im Westen durch fremde Reichsbildungen, besonders der Timuriden, der Nachfolger Tamerlans; Versuche, sein Aktionsfeld im Südchinesischen

Meer und dem Indischen Ozean auszudehnen, wurden nicht nachhaltig verfolgt, während Korea und Japan im Osten Teile seiner Einflusssphäre blieben. Im Ganzen waren die letzten hundertfünfzig Jahre für das Kaiserreich eine Zeit der Beschränkung und Selbstbeschränkung.

Der erste Kaiser der Ming, Taizu (1368–1398), wollte erst zum einfachen Leben auf Grundlage der Landwirtschaft und in Dorfgemeinschaften zurückkehren; dem stand aber die Ungleichmäßigkeit des Anbaus und der Ernteerträge in China entgegen, die nur durch das seit langem bestehende hochentwickelte Verkehrswesen zu Wasser und zu Lande auszugleichen war. Taizu war deshalb bereit, den Kaufleuten, ausgenommen wenige Güter, freie Hand zu lassen. In der neuen Zeit wurde tatsächlich die kommerzielle Wirtschaft ausgeweitet; gab es anfangs in den einzelnen Grafschaften nur einen oder zwei Märkte, die alle zehn oder fünf Tage betrieben wurden, so bestanden in der Mittleren Ming-Periode (um 1500) allenthalben ständige Märkte. Durch staatliche Monopole geschützt waren Produktion und Verteilung von Salz, Tee und Alaun. Der Seehandel war nur denjenigen erlaubt, die dazu eine offizielle Berechtigung hatten. Der Staat versuchte allerdings, diesen Handelsverkehr mit anderen Ländern zu unterbinden; Außenhandel war auf bestimmte Zeiten, Orte und Waren beschränkt. Letztlich ließ sich aber kaum jemand an der dicht mit Seehäfen besetzten Südostküste Chinas von Geschäften mit Fremden abhalten. Als der Hof gegen Ende des 15. Jahrhunderts den ohnehin begrenzten legalen Außenhandel schließen ließ, blühten die sogenannte Piraterie und das Schmugglerwesen umso mehr auf.

Der erste Ming-Kaiser verband den Handel auch mit dem Tributsystem. Fremden Gesandten, die nach Peking kamen, um ihre Abgaben zu leisten, war es gestattet, fünf Tage in der Hauptstadt Handel zu treiben, ausgenommen mit Waffen und Metallwaren überhaupt. Die Einrichtung der Tribute erwies sich auf die Dauer als große Belastung für die Staatskasse, da immer mehr Gesandtschaften mit immer mehr Teilnehmern ins Land kamen, lange blieben und hohe Konsumkosten verursachten.

Mit der Gründung des Ming-Reiches war der alte Gegensatz zwischen China und den Nomaden wiederaufgelebt. Auch wenn manche Mongolen im Land verblieben waren, hatten sich doch die meisten von ihnen in die Steppe zurückgezogen, wo sie zur militärischen Bedrohung des Reiches beitrugen. Das Wichtigste war den Mongolen aber ein vorteilhafter Handel, da sie auf Getreide und Erzeugnisse des Handwerks angewiesen waren. Ihre Tributgesandtschaften brachten dem Kaiser vor allem Pferde, daneben Kamele und auch Pelze. Gegen Pferde lieferte das Reich auch Tee. An besonderen Märkten sollten für 1,5 Millionen Pfund des Genussmittels 14000 Pferde eingetauscht werden. Große Bedeutung schrieb der Hof den Beziehungen zu den Oasen des Tarimbeckens zu; er machte hier, im Unterschied zu früheren Dynastien, keine ernsthaften Versuche zur Okkupation, sondern begnügte sich mit militärischen Garnisonen. Wiederum ging es bei den Geschäften vor allem um Pferde, und zwar gegen Seide, aber die Oasenhändler vertrieben auch höfische Gaben wie Leoparden, Löwen und Gerfalken, die sie selbst hatten importieren müssen.

Auf der anderen Flanke im Osten grenzte China an die Gebiete der Jurchen und das Reich von Korea. Die Jurchen lieferten u. a. Exotisches, wie Falken und Adler, medizinische Mittel gegen Asthma, Husten und Lungenleiden überhaupt und das besonders geschätzte Ginseng, eine Wurzel, der man erhebliche Heilungskräfte zuschrieb. Die Gegengaben der Ming, besonders Getreide, fielen weniger ins Gewicht als die Kosten für die Versorgung der Tributgesandtschaften. Im Jahr 1436 allein schätzte man 50 von ihnen im Umfang von bis zu 3000 bis 4000 Männern. Für Korea, d. h. den Staat Choson, führten die ‹Gesammelten Statuten der Ming› eine Liste der Tributgaben auf: Gold und Silber, gewebte Matten verschiedener Art, Leoparden-Felle, Seeotter-Häute, weiße Seide, farbige Leinenkleider, Hanftücher, Kammboxen aus Perlmutt, weißes Papier, Bütten und wiederum Ginseng, alle drei Jahre 50 Pferde. Nicht erwähnt werden die periodisch fälligen Viehsendungen, Baumwollkleider, Materialien zur Herstellung von Waffen, Tee, Papier und vor allem Sklaven. Besonders demütigend für die Koreaner war die Abgabe von Mädchen für den Harem und junger Eunuchen für den Hof. Unter den Gegengaben der Chinesen befanden sich Musikinstrumente und Bücher, die die koreanische Hofkultur beeinflussten. Was Japan betrifft, so empfahlen sich die Shogune als tatsächliche Machthaber des Landes als Vertragspartner des Kaisers, tendierten aber auch zu einem isolationistischen Kurs. Lokale Fürsten an den Küsten machten etwa seit Mitte des 15. Jahrhunderts gemeinsame Sache mit den Kaufleuten; für Gold, Schwerter und Schwefel als Exportgüter flossen dem Land Kupfermünzen in großen Mengen zu und förderten in Japan die Kommerzialisierung.

In Südostasien machte Taizus vierter Sohn Kaiser Yongle (1403–1424) den unglücklichen Versuch, in innere Kämpfe in Vietnam einzugreifen. Mit anderen Staaten der Region unterhielt er intensive diplomatische Beziehungen, die Tributleistungen einschlossen. Yongle setzte auch eine grandiose Serie von Seefahrten an die afrikanische Ostküste, den Persischen Golf und das Rote Meer in Gang (1405–1433). Diese Expeditionen führten zu neuen Tributverhältnissen von Champa bis Mogadischu und Malindi in Ostafrika und zu exklusiven Gaben, von denen Giraffen das größte Aufsehen erregten. Auch wenn die 62 Schiffe mit rund 2500 Tonnen Fracht nach China zurückkamen, war ihr volkswirtschaftlicher Gewinn gering, da es sich zumeist um Luxusgüter für den Kaiser und seinen Hof handelte. Nach Yongles Tod liefen die kühnen Unternehmungen aus. China zog sich aus dem Indischen Ozean zurück, so dass die Portugiesen hier bald darauf keine Seemacht von Bedeutung mehr antrafen.

China war, ebenso wie Indien, offenbar von dem globalhistorisch einschneidendsten Ereignis verschont geblieben, dem Aufkommen und der verheerenden Dynamik der ‹Großen Pest›. Diese verbreitete sich zwischen 1346 und 1353 von der Steppe nach Byzanz sowie weiter zu den wichtigsten westlichen Hafenstädten und Inseln wie Marseille, Genua und Venedig beziehungsweise Sizilien (Messina) und Mallorca, nach Alexandrien und Nordafrika sowie von Choresmien oder über den Kaukasus nach Persien und Mesopotamien. In Europa blieb fast kein

Land verschont. Das Ausmaß der Todesraten überstieg jede menschliche Erfahrung; wo statistisch auswertbare Daten vorliegen, erreichte die Quote um die 60/65 % der Bevölkerung. Das todbringende Bakterium haben fast immer Handelsschiffe verbreitet, so dass sich die Ausdehnung des Handelsnetzes über die drei Kontinente als verhängnisvoll erwies. Genuesen, die sich auf der Insel Krim (Kaffa) angesteckt hatten, führten den Krankheitserreger bei ihrer Flucht in Konstantinopel ein, was die erste Seuchenwelle über das Mittelmeer nach Westeuropa auslöste.

Nach der Krise der 1340er Jahre konnten die beiden führenden italienischen Seestädte Genua und Venedig ihre Wirtschaftsbeziehungen im östlichen Europa wieder aufnehmen. Der Zerfall der mongolischen ‹Goldenen Horde›, an deren Stelle eine Reihe kleinerer Khanate trat (1359), die Expansion Litauens bis zum Schwarzen Meer und schließlich der Aufstieg Moskaus zum Zentrum der russischen Fürstentümer seit 1425 veränderten aber ihr Umfeld radikal. Insbesondere im dritten Viertel des 15. Jahrhunderts entwickelte sich der Handel der Italiener mit dem Großfürsten prächtig. Ivan III. (reg. 1462–1505) ließ italienische Ingenieure und Architekten kommen, die die russische Artillerie dem Niveau der deutschen und schwedischen Waffen anpassten und Kirchen und den großfürstlichen Palast auf dem Kreml im Renaissancestil erbauten. Unter Ivan schalteten sich auch die Osmanen in den Handel der Pontischen Steppe ein. 1475 eroberten sie die nördliche, 1484 auch die westliche Küste des Schwarzen Meeres, verdrängten die Italiener aus ihren angestammten Quartieren und unterwarfen das verkehrsgünstige Krim-Khanat ihrer Herrschaft.

Von der Krim aus erreichte die Pest wohl im Mai 1347 Konstantinopel; ein Berichterstatter will wissen, dass acht Neuntel der Einwohner der Pandemie zum Opfer gefallen seien. Trotzdem blieb das östliche Mittelmeer für die Byzantiner bis ins späte 14. Jahrhundert eine wirtschaftliche Einheit mit regelmäßig zirkulierenden Gütern. Die Hauptstadt selbst war ein bedeutender Umschlagplatz für Luxuswaren. In den großen Städten des Reichs prägten die angesessenen lateinischen Kaufleute den Handel, sie waren aber auch unterwegs zu den Märkten in den Dörfern. Die Dominanz der Lateiner schüttelten die Rhomäer bis zum Untergang des Reiches 1453 nicht mehr ab.

Nach Kleinasien, das Byzanz schon im 11. Jahrhundert verloren hatte, drang die Pest noch 1347 vor, erfasste einen hundert Kilometer breiten Landstreifen an der Küste und innerhalb von zwei Jahren auch das anatolische Hochland. Trotzdem konnten die Osmanen Gallipoli 1352 und zehn Jahre darauf Adrianopel (Edirne) einnehmen. Beide wurden wichtige Sklavenmärkte für das Sultanat der Mamluken und den europäischen Westen. Die ‹Königsstadt› Bursa auf der kleinasiatischen Seite des Marmarameeres war der wichtigste Umschlagplatz für iranische Seide, aber auch (von Täbris her) für indische Gewürze, und wurde von den osmanischen Sultanen systematisch durch Stiftungskomplexe aufgewertet. Durch die Verbindung Bursa – Edirne wurden die mitteleuropäischen Märkte schon vor der Eroberung Konstantinopels «an den Rest Südwest-Eurasiens angeschlossen» (D. A. Howard). Als Mehmed II. im Mai 1453 Konstantinopel erobert hatte, legte er beim Wiederaufbau Wert auf die Belebung des Handels. Zum Kern des neuen osmanischen Stadtzentrums gehörte ein großer überdachter Basar, dessen Erträge für die Hagia Sophia bestimmt waren. Die Eroberung von Konstantinopel verschaffte den Osmanen einen entscheidenden Vorteil im Wettbewerb um die Handelswege im östlichen Mittelmeer, in der Ägäis und im Schwarzen Meer. Einen Rückschlag brachte die Wiederkehr der Pest 1467.

Die Mamluken, der muslimische Konkurrent in Ägypten, wurden von der Pest schwer geschwächt. Schon bei der ersten Welle 1347/1349 verlor das Land am Nil sowie das dem Reich angehörende Syrien ein Viertel bis ein Drittel seiner Bevölkerung, und zu allem Unglück kam die Epidemie zwischen 1360 und 1517 noch 16 beziehungsweise 15 Mal zurück. Eine weitere Belastung war die monetäre Krise. Der Zustrom des Sudangoldes riss in der zweiten Hälfte des 14. Jahrhunderts ab, es wurde über Marokko und Tunesien nach Europa umgelenkt. Zur selben Zeit verschwand auch das Silber vom Markt, weil Europa Probleme mit der Münzgeldprägung hatte. Die mamlukischen Sultane versuchten, ihr Geldsystem auf Kupfer umzustellen, hatten damit aber keinen Erfolg. Als die Krise gegen Ende des 15. Jahrhunderts vorüber war, brachte das keine Rettung mehr, da die Landwirtschaft infolge der demographischen Einbrüche und einer technologischen Rückständigkeit in Verfall geraten war.

Für lateinchristliche Händler des 15. Jahrhunderts barg der Weg durch muslimische Länder und Indien eine Gefahr für das Seelenheil und manchmal für Leib und Leben. Trotzdem müssen Hunderte von ihnen nach Indien unterwegs gewesen sein. Von dem Kaufmann Niccolò de' Conti aus Chioggia (Venetien) erfährt man beispielsweise, dass er sich im Alter von 18 Jahren einer Handelskarawane von Damaskus nach Bagdad und zum Persischen Golf angeschlossen hatte, um nach Indien zu gelangen. Obwohl er als erster Europäer mit der Erkundung Vorderindiens bis ins Dekkan echte Pionierleistungen erbracht hatte, riet er anderen ab, seinem Beispiel zu folgen.

Die Alternative des Seewegs nach Indien hatten angeblich schon die Gebrüder Vivaldi aus Genua 1291 erkundet. Mit der Einnahme von Akkon im selben Jahr hatten die Mamluken volle Kontrolle über Syrien und Palästina erlangt und damit das Problem der Asienkontakte für die Europäer verschärft. Trotz dieser Einschränkung war die erste Hälfte des 14. Jahrhunderts der Höhepunkt des westeuropäischen Handels mit der übrigen Welt. Regelmäßig trafen Gruppen von Kaufleuten aus Genua und Venedig neben einigen Katalanen, Provenzalen, Pisanern und Florentinern in den Häfen von Ägypten, Syrien und Armenien sowie am Schwarzen Meer ein, und manche von ihnen gelangten im Landesinneren sogar bis Täbris. Auch nach der Zäsur um 1350 mit dem Abbruch der transkontinentalen Direktverbindungen bis China genoss das Indienprojekt im ‹Abendland› noch keineswegs Priorität. Portugiesen und Kastilier waren zwar schon etwa seit den 1430er Jahren mit ihren Entdeckungen und Eroberungen atlantischer Inselgruppen erfolgreich; aber erst, als die Portugiesen zugunsten Kastiliens/Aragons auf die Kanarischen Inseln verzichtet und sich ganz auf die westafrikanische Küste konzentriert hatten (1455/1479), löste der Vorstoß des Diego Cão bis Namibia (1486?) eine neue asienzentrische Dynamik aus. Als Vasco da Gama im Mai 1498 die Malabarküste anlief, konnte man nur in Calicut die begehrten Gewürznelken kaufen. Gleich nach seiner Rückkehr fuhr unter der Leitung des portugiesischen Seefahrers Pedro Álvares Cabral im März 1500 eine weitere Indienflotte los, die unbeabsichtigt zuerst in Brasilien landete. Aus einem Schreiben des venezianischen Botschafters in Lissabon an den Lido geht hervor, dass die Portugiesen ohne militärische Gewalt keine Chance auf gute Geschäfte hatten. Nach einem anderen Bericht war den Zeitgenossen klar, dass die neuen portugiesischen Verbindungen auch auf Kosten Venedigs gehen würden, das traditionell seine Gewürze über das mamlukische Alexandria bezog und weiter nach Europa betrieb.

Die Hoffnung auf wirtschaftlichen Gewinn dürfte tatsächlich schon seit ihren Anfängen die Expeditionen entlang der Küste Afrikas stimuliert haben. Besonders ging es um das Gold aus dem ‹Sudan›, bald auch um schwarze Sklaven. Mit guten Gründen sind freilich auch religiöse Motive zu vermuten. Mit dem Vordringen nach Afrika setzte Portugal, in dem früher als in Spanien im engeren Sinne die Vertreibung der Muslime Erfolg gehabt hatte, den Kampf gegen die Feinde des christlichen Glaubens fort, der dann in das Streben nach Ausrottung des ‹Heidentums› überging. Auch bei Kolumbus vermischten sich die Motive. Als der gebürtige Genuese und Lissaboner Händler (1451–1506) mit Unterstützung der ‹Katholischen Könige› von Kastilien und Aragon 1492 auf einer atlantischen Route zwar nicht Asien, aber eine Reihe Karibischer Inseln erreichte, war es ihm um den Handelsverkehr mit Japan und China, aber auch um die Verbreitung des Christentums gegangen.

II. Die Welten des Pazifiks und der beiden Amerikas

Von Eufrasien getrennt waren im mittelalterlichen Jahrtausend die Lebenswelten des Pazifiks und Amerikas. Im Unterschied zur trikontinentalen Welt bestanden diese beiden Räume aus einer Vielzahl besonderer Welten, die mit anderen ihrer Art gar nicht oder kaum in Verbindung standen und so weit voneinander entfernt waren, dass eine expansive Grenzüberschreitung der einen nicht auf Kosten der anderen gehen musste. Allerdings fehlen fast vollständig schriftliche Quellen; archäologische, siedlungs- und sprachgeschichtliche Zeugnisse lassen auf kulturelle Insellagen und Zusammenhänge schließen.

Der Pazifische Ozean ist ein von Menschen nur schwer zu markierender Raum; er bedeckt ein Drittel der Erde. Die schier ungreifbare Wasserfläche verschliss zehntausende Jahre für ihre Entdeckung. Ein erster Schritt der Besiedlung in Australien lag am Beginn des Mittelalters schon viele tausend Jahre zurück. Die ‹Ureinwohner› hatten sich dann so stark von ihrer Umwelt isoliert, dass sie im Zeitalter der europäischen Kolonisation wieder entdeckt werden mussten. Lange nach der Besiedlung Australiens und auch Neuguineas wurde der Pazifik der Schauplatz der größten ozeanischen Migration der Geschichte. Zwischen ca. 3500 v. u. Z. und etwa 1300 u. Z. verbreiteten die Neusiedler zwischen Taiwan und Osterinsel die austronesischen Sprachen. Von den westpolynesischen Inseln (Tonga, Samoa) aus setzte der letzte Akt der Pazifik-Besiedlung um 1000 u. Z. ein. Die zentralen Inseln des Tropischen Ostpolynesien wurden nach Radiocarbon-Datierungen zwischen 1000 und 1100 erstmals kolonisiert, die anderen zwischen 1200 und 1300 erreicht. Südpolynesien, darunter Neuseeland, betraten Menschen im 13./14. Jahrhundert, ungefähr zur selben Zeit wie die ostpolynesischen Exponenten Hawaii und Osterinsel. Diese Beobachtungen sind ein aufregender globalhistorischer Befund: Es war das mittelalterliche Jahrtausend, in dem sich die grundlegendste menschliche Migration und Grenzüberschreitung vollendete: die Besiedlung der Erde.

In der Pazifikforschung gilt als sicher, dass es für die meisten Inselbewohner nahezu unmöglich war, isoliert von den anderen zu überleben. Trotz oft riesiger Entfernungen über das blaue Meer hielten bestimmte von ihnen miteinander Kontakt. Inseln eines begrenzten, wenn auch manchmal Millionen von Quadratkilometern erfassenden Umkreises bildeten geradezu Netzwerke der Kommunikation. So wird bei der ‹Lapita-Kultur›, die sich über mehr als 5000 Kilometer von West nach Ost erstreckte, etwa ein halbes Dutzend Interaktionskreise unterschieden. Naturwissenschaftlichen Studien verdankt die Forschung die Entdeckung eines Austauschsystems von drei ostpolynesischen Inseln zwischen etwa 1000 und 1450. Dabei lieferte Mangareva den anderen hochwertiges Gestein für Äxte und weitere Werkzeuge, Pitcairn vulkanisches Glas, das sich als scharfes Instrument nutzen ließ, und Henderson, ein durchaus bewohntes Korallenriff, Nahrungsmittel aus dem Meer (Hummer, Krebs, Tintenfische, Fische, Muscheln). In zwei Fällen entwickelten sich aus dem Gefüge mehrerer Inselgesellschaften hierarchische Netzwerke, die als ‹Staaten› und sogar ‹Imperien› angesprochen werden. Für Tonga ergänzen in diesem Zusammenhang sogar mündliche Traditionen die archäologischen Funde. Auf den Vulkaninseln Kosrae und Pohnpei, die zu den Karolinen gehörten, entstanden zwischen dem 8. und 14. Jahrhundert Kanäle, Mauerwerk und Megalithbauten als Zeugnisse zentralisierter Herrschaften beziehungsweise einer priesterlichen Kaste. Schwer begreiflich ist andererseits, dass die Bewohner der vielleicht im 13. Jahrhundert erstmals besiedelten Osterinsel bis zur Ankunft der Niederländer 1722 überleben konnten, ohne Kontakte nach außen zu unterhalten. Von Pitcairn im Westen lag die Insel 2100, von der Küste Chiles im Osten 3700 Kilometer entfernt.

So deutlich abgegrenzt der pazifische Raum von Asien und Amerika war, so deutlich ist auch, dass ihn keine Herrschaft oder Religion und kein Handelskreis auch nur annähernd im

Ganzen erfassen konnte, und so ist es bis heute geblieben. Genauso verhält es sich mit Amerika, oder besser mit den geologisch zu unterscheidenden beiden Amerikas im Norden und im Süden. Allerdings war hier die Nachbarschaft zu Asien so eng, dass die ersten Siedler von dort kommen konnten. Auch wenn die Datierung im Einzelnen strittig ist, steht fest, dass sich die Menschen von der Beringstraße weiter entlang der Pazifikküste bis Chile ausbreiteten, von Mittel- und Südamerika die Karibik erfassten und von hier sowie über die Anden nach Amazonien vorstießen. Oft diskutiert, aber letztlich immer verworfen wurde eine Einwanderung amerikanischer Ureinwohner von Melanesien, Polynesien, Australien, Afrika, China und dem Mittleren Osten aus. Sehr viel später, im 13. Jahrhundert u. Z., dürften allerdings Polynesier nach Südamerika gesegelt sein und die Süßkartoffel und vielleicht auch den Flaschenkürbis in ihre Heimat eingeführt haben. In der nordamerikanisch-arktischen Zone erfolgte die Erstbesiedlung um 3000 v. u. Z.; etwas später griff sie bis nach Grönland aus. Hier könnten Inuit beziehungsweise Paläoeskimos um das Jahr 1000 auf Wikinger gestoßen sein. Als sich die Skandinavier kurz danach in Vinland (Neufundland) ansiedeln wollten, wurden sie von den Ureinwohnern vertrieben. Amerika und die trikontinentale Welt blieben voneinander isoliert.

Bis weit in die Moderne hinein waren für Aufbau und Pflege weiter Beziehungsnetze brauchbare Wege zu Wasser und zu Lande entscheidend. Im Unterschied zur arktischen Region im äußersten Norden sahen sich die südlicher lebenden ‹Amerikaner› bei der Erschließung ihres Doppelkontinents auf eine Fortbewegung zu Lande verwiesen. Begegnung, Kommunikation und Austausch wurden durch einen fast völligen Mangel an Zug- und Lasttieren (Pferde, Ochsen, Esel, Kamele) erschwert. Das Rad war zwar bekannt, nicht aber der Wagen. Erhebliche Entfernungen zwischen den Siedlungsarealen und geologische Verwerfungen bedingten meist eine isolierte Lebensführung kleinerer oder mittelgroßer Gruppen. Die Amerikas stellten sich als eine Großregion von vielen ‹Welten› mit eigenen Sprachen und kulturellen Eigenheiten dar.

Der Ungunst der Verhältnisse haben nur wenige Völker getrotzt. Im südamerikanischen Andengebiet konnten für den Transport leichterer Lasten Lamas eingesetzt werden. Auf dieser Grundlage errichteten im frühen Mittelalter zwei Erobererstaaten in den Hochländern von Peru und Bolivien ein Fernhandelsmonopol, das die Inka um 1400 u. Z. ausbauten. Abgesehen von dieser weitläufigen und bestens ausgebauten Verkehrsinfrastruktur im Andengebiet ist auch im Chaco Canyon in New Mexico eine planmäßige Anlage von Landstraßen nachgewiesen. Diese wird in die Zeit zwischen dem 11. und 13. Jahrhundert eingeordnet.

Was den Verkehr zu Wasser betrifft, so hat der Mississippi mit seinen Nebenflüssen im östlichen Nordamerika ein bedeutendes Kommunikationsgeflecht gebildet; seit ca. 900 u. Z. wurde dies auch für größere Bevölkerungsverschiebungen genutzt. Im 11. und 12. Jahrhundert stellte Cahokia ein weit ausstrahlendes Zentrum im American Bottom dar. Von hier gingen Verbindungen zur mexikanischen Golfküste einerseits, zum großen Seengebiet im Norden, den Appalachen im Osten und den Ouachita Mountains im Westen andererseits. In Mesoamerika führte eine Reihe von verkehrsgünstigen Gewässern ins Landesinnere. Wichtiger war der Kanu-Verkehr entlang der mexikanischen Golfküste und um die Halbinsel Yukatan, der sich seit dem Postclassicum (ca. 950–1159) verdichtete. Zwischen Nord-, Mittel- und Südamerika hat es vermutlich nur sporadische Berührungen gegeben.

Im nördlichen Amerika lagen die Siedlungen so weit voneinander entfernt, dass in der Forschung nicht ohne Berechtigung von Kulturarealen die Rede ist. Dazu gehört etwa die arktische Zone mit ihrer Lebensweise der Jagd auf ländliche und marine Säugetiere mit Booten und Schlitten. Als Ackerbaukultur waren die ‹Ancestral Puebloans› zwischen 700 und 1270 auf dem Colorado-Plateau gekennzeichnet. Sie verdanken ihren Namen ihren planmäßig in Dörfern angelegten Häuserkomplexen aus Stein oder Lehmziegeln, die hunderte oder sogar tausende Menschen beherbergen konnten. Ihr Fernhandel oder Geschenkaustausch schloss Musikinstrumente und fremde Keramiken ein.

Die Mogollon- oder Hohokam-Tradition (200/300 bis um 1540) beruhte auf einer Landwirtschaft, die von einem künstlichen Bewässerungssystem gestützt wurde, und mit Kulturpflanzen, die teilweise aus Mexiko stammten. Im Osten Nordamerikas sind die Gesellschaften der Ureinwohner vor allem durch Erdhügel (‹mounds›) gekennzeichnet, die über einen Zeitraum von 5000 Jahren angelegt wurden. In die Zeit des Mittelalters hinein ragt die ‹Woodland-Kultur›, seit ca. 1000 v. u. Z. bis ca. 1000 u. Z., vom Oberlauf des Mississippis bis zur südlichen Atlantikküste von Florida. Abgesehen von den Erdhügeln (unklarer Funktion) waren hier Keramikgebrauch und Ackerbau verbreitet, obwohl die nomadische Lebensweise von Jägern und Sammlern weiter praktiziert wurde. Die darauf folgende ‹Mississippi-Kultur› (ca. 1000 bis 1500 u. Z.) musste sich durch territoriale Abgrenzungen mit Verteidigungswällen schützen. Aufs Ganze gesehen, bildete Nordamerika keine Einheit; auch wenn gelegentliche Beziehungen des Austauschs und immer wieder Migrationen von Gruppen anzunehmen sind, konnten die ‹Native Americans› sicher kein Gemeinschaftsbewusstsein entwickeln.

Ein Raum, dem erheblich größere Kohärenz zugeschrieben wird, war ‹Mesoamerika›; damit wird eine Kulturregion bezeichnet, die große Teile des modernen Mexikos und andere mittelamerikanische Staaten einbezog. Das mittelalterliche Jahrtausend hatte chronologisch gesehen Anteil an der ‹klassischen Periode› von ca. 250 bis 900 und umschloss das folgende ‹Postclassicum› bis zur spanischen Eroberung des Aztekenreiches. Das Schlüsselereignis war hier schon der Übergang von der ländlichen Siedelweise in autonomen und gleichrangigen, durch Handel verbundenen Dörfern zu städtischen Gesellschaften mit überlokalen Herrschaften (ca. 1200 bis ca. 500 v. u. Z.). Schon in den Dörfern hatten pyramidale Tempelanlagen als Mittelpunkt von Häuptlingsherrschaften und abhängiger Siedlungen bestanden.

Bedeutendster Staat des frühen Classicums war Teotihuacan, eine Stadt mit bis zu 200 000 Einwohnern. Ab ca. 500 ging seine Bedeutung allerdings zurück, und an seine Stelle traten andere Städte und übernahmen das Handelsnetz. In der Periode der Klassik bildete sich die Region der Maya heraus, die von der Halbinsel Yukatan ins Landesinnere reichte. Hier fehlte immer ein Gesamtstaat, es bildeten sich aber bis zu drei Dutzend konkurrierender Königtümer. Die Städte waren auf die Herrscher zugeschnitten, von deren Ahnen und eigener Geschichte Inschriften kündeten. Vor allem die Dynastien von Calakmul und Tikal organisierten Netzwerke von Vasallenstaaten, die ihnen tributpflichtig waren. Als die Rivalität beider Städte um 800 eskalierte, lösten sich die Abhängigkeiten auf, und die königlichen Herrschaften brachen zusammen (bis 950). In der Postklassik emergierten neue städtische Zentren der Maya. An die Stelle des klassischen Tribut- und Austauschsystems trat jetzt ein dichtes Netz von Märkten mit einem lebhaften Fernhandel. Die neuen politischen Formationen werden teilweise als ‹Imperien› bezeichnet, aber nie handelte es sich um mehr als Oberherrschaften über zahlreiche Städte mit eigenen Königen. Ein bedeutendes neues Zentrum des Volks der Tolteken war die Stadt Tula Xicocotitlan in Zentralmexiko. Hiervon leiteten sich die Azteken ab, deren Ruhm bis heute darauf beruht, dass sie den Spaniern bei ihrer Ankunft 1529 wie die Herren eines großen Reiches erschienen.

In den letzten Jahrhunderten des Postclassicums hat die Wirtschaft in Mesoamerika einen nie gekannten Aufschwung genommen. Grundlage dafür soll eine stetige, starke Zunahme der Bevölkerung sowie eine Intensivierung der landwirtschaftlichen Produktion gewesen sein. Archäologische Funde (Keramik, bearbeitetes Obsidian u. a.) lassen eine Ausweitung des Fernhandels und eine Verbreiterung des Güterangebots innerhalb Mesoamerikas erkennen. Nur bei wenigen Gütern haben die Beziehungen der Einheimischen allerdings über die eigene Region hinausgereicht. Eine Ausnahme war die Gewinnung und Bearbeitung von Metall, die in Südamerika viel älter waren als in Mesoamerika. In den Anden reichte diese Fähigkeit bis um 1000 v. u. Z. zurück. Es gilt als sicher, dass die Errungenschaften aus den Andenregionen über die pazifische Seeroute Westmexiko erreichten, wo die Metallvorkommen eine Produktion verschiedener Erzeugnisse erlaubten. Im Unterschied zum Süden konzentrierten sich die Metallprodukte in Mexiko aber auf eine Verwendung im Ritual oder zur Demonstration des sozialen Status statt auf Werkzeuge im Alltag. Die Grabfunde zeigen, dass die Verstorbenen vor allem Glocken an ihrer Kleidung trugen. Die ersten Produktionsstätten scheinen sich zwischen 600 und 900 an der Pazifikküste und an Flüssen ins Landesinnere entlanggezogen und auf Kupferglocken konzentriert zu haben. In postklassischer Zeit, besonders zwischen 1200 und 1300, verstand man sich zunehmend auf Beimischungen mit Zinn, Arsen und Silber und erhielt Produkte verschiedener Färbung und besseren Klanges. Die Werkstätten zogen sich nach Belize, Chiapas, Morelos und Tamaulipas hinein; bei der weiteren Verbreitung der Produkte spielten Märkte und Zwischenhändler offenbar eine Schlüsselrolle. Eine zweite Ausnahme von wirtschaftlichen Fernbeziehungen Mesoamerikas war der Import von Türkisen aus dem Südwesten Nordamerikas.

Während die mesoamerikanischen Kulturen die Grenzen ihrer mexikanisch-mittelamerikanischen Ursprünge zwar erreichten, aber kaum einmal überschritten, ähnelt der Süden Amerikas dem Norden. Der Halb(-Kontinent) war so groß, dass Migranten, Händler und Eroberer ein nur locker geknüpftes Netz über ihn warfen. Gravierende Unterschiede der Geologie und Klimazonen förderten zum Ausgleich den Austausch von natürlichen und kulturellen Gütern; im Westen begünstigten die Verhältnisse sogar die Errichtung zentralisierender Gemeinwesen. Zwischen 500 und 1000 traten in den Anden die Reiche von Tiahuanaco und Huari in Erscheinung, deren Macht auf der Verfügung über Karawanen von Lamas beruhte. Ohne direkten Anschluss an sie, aber nach ihrem Muster bildete sich bis um 1300/1400 der Staat der Inka aus, der im weiten und fruchtbaren Hochtal von Cusco (3400 ü.N.N.) seine Keimzelle und Metropole hatte. Die Stadt, die durch einen besonderen Baustil geprägt wurde, war Sitz der Könige. In ihrem Zentrum liefen aus den vier Himmelsrichtungen die Fernstraßen im Gesamtumfang von mindestens 2400 Kilometern zusammen, und hier befand sich auch der Sonnentempel Coricancha, der vielleicht sogar als Mittelpunkt des Universums galt.

Der Aufstieg zum größten Staat des Alten Amerikas vollzog sich in den letzten hundert Jahren vor der Eroberung durch die Spanier; zu diesem Zeitpunkt, also um 1535 u.Z., regierten die Herrscher eine Bevölkerung von 6 Millionen Menschen oder mehr. Neben den zahlreichen unterworfenen Ethnien zählten auch Verbündete im Umkreis dazu. Entscheidend für die Kontrolle waren die Straßen mit Raststätten und Speichern, die eine schnelle Fortbewegung und sichere Versorgung von Händlern, Boten und Truppen ermöglichten. Das Straßensystem wurde vom Staat organisiert und von der Bevölkerung gebaut; die Arbeitsleistung galt als Steuer. Der Inka-Staat war keine Marktwirtschaft, sondern sammelte die Güter aus unterschiedlichen Naturräumen und Produktionsstätten, um sie im Tausch in der Bevölkerung umzuverteilen. Unterworfene Gruppen und Dorfgemeinschaften oder nach Bedarf auch spezialisierte Handwerker wurden zwangsweise umgesiedelt.

Die eigentlichen Inka waren die Bewohner von Cusco, die sich zu einer Adelsschicht entwickelten, darunter als Vornehmster ‹der Inka›, der Herrscher selbst. Nach Angaben der spanischen Eroberer gab es mindestens 80 Provinzen, die zwischen 20000 und 30000 Haushalte umfassten und je einem Gouverneur unterstanden. Mit ihrer Herrschaft erfassten die Inka unterschiedliche ökologische Zonen, gemäßigte Hochlandtäler wie bei Cusco, höher gelegene Weideländer am Titicacasee, bewässerte Küstenländer am Pazifik und die warmen und feuchten Nebelwälder der östlichen Anden. Besonders in die Tiefländer konnten sie ihre Herrschaft nicht weiter ausdehnen, aber Bündnisse schließen und auf Flößen und Einbäumen über große Flüsse heranschaffen, was sie von den Erzeugnissen dieser Regionen brauchten. Wo sie direkte Herrschaft ausübten, wurde ihr totalitär anmutendes Regiment offenbar als drückend empfunden. Als die Spanier das Land eroberten, konnten sie zwar das zentralisierte Staatsgebiet rasch in Besitz nehmen, sich aber nur schleppend der zerstreuten Kleinherrschaften bemächtigen.

Das mittelalterliche Jahrtausend als Periode der Globalisierung

Die Basis aller Globalisierung war die Verbreitung des Menschen über die Erde. Im mittelalterlichen Jahrtausend erreichte dieser Prozess seine letzte Phase durch die Besiedlung der ost- und südpolynesischen Inseln (1000–1300 u. Z.). Die neugewonnenen Stützpunkte der Zivilisation konnten sich mit anderen ihrer Art selbst über riesige Entfernungen zu Kommunikationsgemeinschaften und Handelskreisen zusammenschließen oder, wie die Osterinsel, ein isoliertes Dasein fristen. Im Ganzen bildeten sich aber besondere Welten, die mit dem asiatischen oder auch südamerikanischen Festland keine oder höchstens sehr sporadische Kontakte unterhielten. Mit dem Pazifik, wo meerbestimmte ‹Fischmenschen› lebten, verhielt es sich seinerzeit nicht anders als mit den Kontinenten und ihren ‹Landtretern› (C. Schmitt): Die Menschheit zerfiel in eine größere Anzahl von Welten, die weitgehend voneinander isoliert waren. In Nordamerika hatten etwa die schon Jahrtausende zurückliegenden Immigrationen zur Bildung von Siedlungsinseln geführt, deren divergente Sprachen auf keine gemeinsame Geschichte oder aktuellen Beziehungen schließen lassen. Die Kommunikation mochten Wasserstraßen wie der Mississippi hier und da erleichtert haben, aber sonst drängte der Mangel an Zug- und Lasttieren und an Wagen zur Immobilität.

Anderswo begünstigten zusammenhängende Landmassen eine große und kompakte Welt; Europa und Teile von Asien und Afrika hatten schon im Altertum einen Raum beachtlicher Binnenmobilität und kultureller Wechselbeziehungen gebildet. Diese trikontinentale Welt wurde im mittelalterlichen Jahrtausend durch Überschreitung antiker Grenzen ausgeweitet. In Europa wurden nun die Länder jenseits der römischen Limites in die Ökumene einbezogen. Entscheidend dafür war die Ausdehnung des Christentums, sei es lateinischer, sei es griechischer Observanz; die Verkirchlichung der Länder und Regionen im Norden und Osten des Erdteils durch ein Netz von Bistümern, Pfarreien und Klöstern sicherten diese Erwerbungen ab und passten sie der altkirchlichen Ordnung an. Einen letzten, aber bedeutenden Schritt zum Anschluss des nordalpinen Europa an die Mittelmeerwelt taten die Fernhändler seit der Zeit Karls des Großen oder mindestens seit dem 12. Jahrhundert.

In Afrika waren es die Muslime, die über die römischen Strukturen hinausgelangten. Gold, wertvolle Steine, Sklaven und wilde Tiere aus dem Inneren des Kontinents mögen zwar schon die Händler der älteren Zeit bezogen haben, aber erst durch die Verbreitung des Islam kam ein ständiger Warenaustausch mit den westafrikanischen Steppenreichen in Gang. Abgesehen von der Ausrichtung dieser ‹Sudanländer› auf die muslimischen Herrschaften am Mittelmeersaum beziehungsweise auf die Heiligen Stätten der Arabischen Halbinsel spielte auch der systematische Einsatz der genügsamen und leistungsfähigen Dromedare bei der Passage der Wüste eine Rolle, der erst im 1./4. Jahrhundert u. Z. aufgekommen war. Das mittlere und südliche Afrika war durch den Regenwald von der eufrasischen Welt geschieden.

In Asien hat die arabische Eroberung u. a. das Reich der Sasaniden beseitigt und den jahrhundertealten Konflikt zwischen Römern und Persern aufgehoben. Globalhistorisch war dies von großer Bedeutung, da die Landverbindung zwischen Europa und Fernost geöffnet wurde; die Entgrenzung begünstigte den allgemeinen Verkehr, vor allem aber die Ausbreitung der christlichen Kirchen und des Islam bis zu den Hafenstädten am Chinesischen Meer. Auch wenn Asien im Ganzen weder christlich noch muslimisch wurde und die Erfolge beider Religionen instabil waren, hat es doch weite Perspektiven erschlossen, dass Kirchen und christliche Klöster bis nach China und muslimische Staaten in Persien, Indien und Zentralasien gegründet wurden. Das Gleiche gilt für die erfolgreiche Bekehrung unter den nomadischen Völkern.

Lässt man die Schauplätze in Europa, Afrika und Asien Revue passieren, dann kann es keinen Zweifel daran geben, dass Christentum und Islam unter den Religionen die wichtigsten Protagonisten der mittelalterlichen Globalisierung gewesen sind. Beide Religionen haben nicht nur ‹heidnische› Gebiete und Völker gewonnen, sondern sind auch durch den Wechsel der Herrschaften in komplexe Beziehungen untereinander getreten. Mehrfach haben sie sich auf Kosten der jeweils anderen ausgedehnt (so in Spanien, auf dem Balkan und in Osteuropa) und waren in Konflikt und Symbiose zur Auseinandersetzung mit den Gegnern gezwungen. Einen wichtigen Beitrag hat die Verehrung der Pilgerstätten geleistet. Noch zentraler als Jerusalem und Rom für die Christen waren sicher Mekka und Medina für die Musliminnen und Muslime, da alle von diesen einmal im Leben hierhin ziehen sollten und durch die terminliche Bindung des ‹Hadsch› mit Glaubensgeschwistern aus allen Richtungen zusammentreffen mussten.

Für die Juden war das mittelalterliche Jahrtausend gar keine Periode bedeutender Grenzüberschreitungen. Wie die Christen profitierten sie allerdings für ihren Zusammenhang und ihre Mobilität in Asien von der Überwindung des Perserreiches durch die Araber, und in Europa verbreiteten sie sich mit den Christen über die Grenzen des alten Römerreiches nach Norden (zeitweise nach England, aber nicht nach Skandinavien). Trotz ihres beachtlichen Anteils am interkulturellen Handel darf ihr Gewicht für die Globalisierung nicht überschätzt werden, denn ihre Gesamtzahl machte nur einen winzigen Bruchteil der mittelalterlichen Populationen aus.

Die Erlösungsreligion des Buddhismus drang über Asien weder nach Europa noch nach Afrika vor. Die indische Lehre und ihre Anhänger wurden zwar wiederholt in Ostiran rezipiert, und noch die nomadischen Petschenegen, die um 1000 die Rus' von der Pontischen Steppe her bedrohten, hegten Sympathien für sie. Blockiert wurde die buddhistische Mission nach Westen aber durch die Gläubigen des Islam, nachdem ein arabisches Heer mit seinen türkischen Verbündeten nördlich von Taschkent eine Armee des Tang-Kaisers aufhalten konnte (751). Die anderen indischen Religionen strebten entweder gar nicht über das eigene Land hinaus (Jainismus) oder fanden Akzeptanz wiederum nur bei asiatischen Nachbarn (Brahmanentum, Hinduismus). Erst recht nur begrenzte globalhistorische Bedeutung haben Konfuzianismus und Daoismus gewonnen. Nur dort, wo China in seine Nachbarländer vorstoßen wollte oder angrenzende Völker beeinflussen konnte, verbreiteten sich diese ursprünglich chinesischen Lehren und Religionen. Beide waren aber von vornherein durch eine verhaltene Dynamik charakterisiert; auch in China selbst haben sie sich mit größter Wirkung nur unter politischer Förderung entfaltet.

Ein Erbe des Altertums waren die Ideen von Kaisertum und Weltherrschaft; sie wirkten im Mittelalter fort und trugen, auch nach Transformationen, zur Bildung größerer Kommunikationsgemeinschaften bei. Wo Reichsbildungen realisiert wurden, schlossen sie oft bei antiken Vorläufern an, sie gingen aber in Anzahl und Umfang über diese hinaus. Das gilt auch für Afrika, wenngleich die Tendenz hier vergleichsweise am schwächsten zur Entfaltung kam. Das islamische Kalifat, das allerdings kein Einheitsstaat war, setzte die Tradition der vorderasiatischen Reiche fort und bezog sogar Teile Indiens ein. Dieses südasiatische Land selbst brachte trotz seiner politischen Leitideen des Großkönigs (‹Maharadscha›) oder ‹Weltenherrschers› (‹Radscha›) zwar keinen Einheitsstaat hervor, ganz zu schweigen von Expansionen in das Innere Asiens; dafür aber bildeten sich neue Großreiche im Südosten, sowohl was das Festland als auch was die Inselwelt betrifft (Angkor und Pagan beziehungsweise Srivijaya und Majapahit). Die chinesische Reichsbildung wurde wiederholt durch erobernde Nomaden von Norden her gestört, behauptete sich aber seit dem 10. Jahrhundert. Eine überragende kommunikationsgeschichtliche Bedeutung hatten die Reichsbildungen der Nomaden im transasiatischen Steppengürtel, zuerst der Türk im 6./8. und dann vor allem der Mongolen im 13./14. Jahrhundert. Abgesehen von der riesigen Ausdehnung ihrer Herrschaft vom Gelben Meer bis nach Osteuropa und dem Mittelmeer gelang den Mongolen erstmals die Integration der gegensätzlichen Lebenswelten von Nomaden und Sesshaften, eine politische und kulturelle Grenzüberschreitung epochalen

Ranges. Zuletzt waren es wiederum Türken unter Führung der Osmanen, die ein Reich mit Ländern in allen drei Kontinenten schufen.

Auch die Geschichte des dritten Kontinents, also Europas, war von Bestrebungen zum Erhalt und zur Bildung von Imperien geprägt. Byzanz, das römische Reich des Mittelalters, verlor zwar in einem langgezogenen schmerzhaften Prozess fast alle seine Gebiete, setzte sich aber politisch und kirchlich an die Spitze einer Staatengruppe im östlichen Europa, zu dem auch die Rus' gehörte. Im Umkreis des römisch-deutschen Reiches, eines fast monolithischen Blocks über viele Jahrhunderte, bemühten sich partikulare Herrscher um die Integration ihrer Nachbarn. Für die Kultur Europas war in diesem Sinne etwa das anglonormannisch-angevinische Reich unter Einschluss Englands und großer Teile von Frankreich besonders wichtig. Neben Reichen als Horizonten expandierender Kommunikationsgemeinschaften waren im mittelalterlichen Jahrtausend die exterritorialen Gründungen wichtig; echte Kolonien, wie sie im Zuge der Kreuzzugsbewegung in der mittelmeerischen Levante entstanden, bewahrten die regressiven Tendenzen von Migranten zu ihren Herkunftsländern und bildeten damit Pfeiler eines meere- und länderübergreifenden Brückenbogens.

Der herausragendste Faktor für die Integration der trikontinentalen Welt war im mittelalterlichen Jahrtausend der Fernhandel. Auch er schloss bei Errungenschaften der Antike an, vervielfältigte aber die alten Wege und erweiterte den Radius der Wirtschaftsbeziehungen durch seine eigene Dynamik und die Ausweitung der Siedlungsräume. Die wichtigsten transkontinentalen Verbindungen waren im Altertum die ‹Seidenstraßen› gewesen, ein Geflecht von terrestrischen Routen durch Asien vom Gelben bis zum Mittelmeer. Chinas Zugang zu diesen Straßen nach Westen blockierten reiternomadische Eroberer im 4. Jahrhundert u. Z. und die ‹Fremdvölker› an der Nordgrenze seines Reiches vom frühen 10. Jahrhundert an. Als das Reich aber in die Herrschaft der Mongolen integriert wurde, erlebten die Seidenstraßen ihren größten mittelalterlichen Aufschwung (seit ca. 1230); jetzt riskierten auch westchristliche Händler den

Direkthandel. Erst die Reichsbildung Timurs in Zentralasien und Persien und die Ablösung der Yüan-Dynastie durch die Ming in China beendeten ihre Präsenz in Fernost (1371). Damals verschwanden auch die arabisch und persisch sprechenden Kaufleute. Obwohl die Ming den Fernhandel einzuschränken suchten, blieben sie selbst an guten Kontakten zu den Oasen des Tarimbeckens interessiert, um über die Seidenstraßen kriegstaugliche Pferde aus dem Westen beziehen zu können.

Die Schiffe des mittelalterlichen Jahrtausends bewegten sich meistens nur in Küstennähe voran; eine Überquerung der Ozeane mit ihrer vermeintlichen Uferlosigkeit war vielfach religiös tabuisiert, sei es durch Zoroastrier aus Persien oder Brahmanen aus Indien, sei es durch Christen und Muslime. Die alte römische Verbindung vom Roten über das Arabische Meer nach Indien blieb aber intakt. Als es dem Kalifat von Arabien aus gelungen war, die Schlüsselpositionen zwischen Mittelmeer und Indischem Ozean zu besetzen, und sich die islamischen Herrschaften nach Westen und Osten ausdehnten, entstand durch die Kontrolle der Handelsstraßen geradezu eine ‹indo-islamische Welt›. Andererseits erlebte China unter den Dynastien der Tang und Song (618–907, 960–1279) seine mittelalterlichen Glanzzeiten; namentlich den Song wird zugeschrieben, zu einem der größten Ex- und Importeure der Welt geworden zu sein. Dabei wurde auch Nordostasien, besonders Korea, aber auch Japan, in den chinesischen Handel einbezogen. Der Schiffsverkehr lag traditionell in den Händen von Arabern und Persern, weniger von Indern. Die chinesischen Handelsschiffe beschränkten sich meist auf Fahrten bis Südostasien.

Die Kontrolle westlicher Mächte über das Mittelmeer wurde in der Zeit der Völkerwanderung infrage gestellt, aber nach kurzfristigen Unterbrechungen blieben die maritimen Handelswege offen. Die muslimischen Eroberungen in Nordafrika, Spanien und den mediterranen Inseln führten keineswegs zu einer maritimen Herrschaft des Islam. Byzanz konnte trotz des Verlusts des Hafens und Getreideumschlagplatzes Alexandria bis ins 11. Jahrhundert dazu beitragen, dass der traditionelle nordmediterrane Seeweg vom Tyrrhenischen und Ionischen Meer bis zur Ägäis befahrbar blieb. Durch den Aufstieg des karolingischen Frankenreiches wurde der Warenaustausch Westeuropas mit dem Kalifat stimuliert; neben die Wiederbelebung Marseilles und der gallischen Küste trat in der Adria Venedig, eine mittelalterliche Stadtgründung. Nach Amalfi schon im 10. Jahrhundert entfalteten andere italienische ‹Seerepubliken›, vor allem Pisa und Genua, ihre Handels- und Herrschaftsinteressen im Mittelmeer, seit mongolischer Zeit auch im Schwarzen Meer. Während des 13. Jahrhunderts nahm das spanische Reich von Aragon durch seinen Herrschaftsausbau im Mediterraneum den Wettbewerb im Fernhandel mit den Italienern auf.

Sehr unterschiedliche Bedeutung kam Flüssen als Verkehrsadern des Handels in der trikontinentalen Welt zu. Abgesehen vom Nil wies Afrika beispielsweise mit seinen abweisenden Küsten nur eine geringe Anzahl schiffbarer Wasserwege ins Landesinnere auf, was für die vergleichsweise schwache Erschließung des Kontinents mitverantwortlich war. Hervorragende Verkehrs- und Handelswege repräsentierten schon in der Antike die osteuropäischen Ströme zwischen Ostsee und Donau; im Mittelalter führten das Vordringen der ‹Wandervölker› beziehungsweise politische Umbrüche zu Routenänderungen, die aber die Nord-Süd-Richtung weiter bedienten. So mussten Oder und Weichsel ihren Rang an Memel, Düna und Dnjepr abtreten, wodurch von der Ostsee über das Schwarze Meer auch die Verbindung nach Persien und Zentralasien hergestellt wurde. Dieser Wechsel der Verkehrswege ist paradigmatisch für den Handel: Ein Luxusgut, das einmal genossen, und ein Gut des Alltags, dessen Bedarf einmal geweckt oder befriedigt worden ist, fand immer wieder zu den Abnehmern, die nach ihnen verlangten; Hindernisse der Natur oder durch menschliche Interventionen konnten zur Verlegung der Routen zwingen, die Austauschprozesse aber kaum dauerhaft aufhalten.

Die landgestützten Straßen konnten teilweise bei den Systemen der Kaiserreiche, der Römer oder der Chinesen, anknüpfen, wurden im mittelalterlichen Jahrtausend aber enorm erweitert. Am wenigsten gilt dies wiederum von Afrika, wo an einem Straßennetz für Fuhrwerke und Wagen kein Bedarf bestand.

Vielfach haben sonst im Mittelalter Monarchien mit ihrem Willen zur Zentralisierung spinnenförmige Straßenanlagen um ihre Hauptstädte veranlasst, so etwa in Angkor in Südostasien, Gurjarat-Pratihara in Indien, Frankreich und England in Europa (oder in Peru unter den Inka). Aber viel entscheidender war die zunehmende Urbanisierung, da Städte den regelmäßigen Verkehr der Umwelt mit sich selbst erzwingen und auf den Austausch mit einem weit überregionalen Handels- und Kommunikationsnetz angewiesen sind. Teilweise, wie in China unter den Song, bewegte sich die Verstädterung im Rahmen des alten Reiches, teilweise, wie in Europa östlich des Rheins und nördlich der Donau, wurden so ganz neue Regionen dem Netz angefügt. Anders als in der römischen Antike, wo die Straßenführung wenig Rücksicht auf die natürlichen Voraussetzungen im Gelände und auch vorhandene Siedlungen nahm, kamen die mittelalterlichen Straßen zu den Menschen an ihren Wohnorten, um sie zusammenzuführen. Die Bedürfnisse des Warenverkehrs, die mit einem Informationsaustausch einhergingen, erwiesen sich damit als effektivste Fermente der überregionalen und transkontinentalen Integration.

Literaturhinweise zum Nachschlagen und Weiterlesen

Globalgeschichten

Michael Borgolte, Die Welten des Mittelalters. Globalgeschichte eines Jahrtausends. München ^{2}2022.

Peter Feldbauer/Bernd Hausberger/Jean-Paul Lehners (Hrsg.), Globalgeschichte. Die Welt 1000–2000, Bde. 1 und 2. Wien 2011/2009.

Johannes Fried / Ernst Dieter Hehl (Hrsg.), Weltdeutungen und Weltreligionen. 600 bis 1500. Darmstadt 2010.

Catherine Holmes / Naomi Standen, The Global Middle Ages. Oxford 2018.

Benjamin Z. Kedar / Merry E. Wiesner-Hanks (Hrsg.), Expanding Webs of Exchange and Conflict. 500 CE–1500 CE. Cambridge 2015.

Kimberly Klimek / Pamela L. Troyer / Sarah Davis-Secord / Bryan C. Keene, Global Medieval Contexts 500–1500. Connections and Comparisons. New York / London 2021.

Daniel G. König (Hrsg.), Geschichte der Welt 600–1350 – Geteilte Welten. München 2023.

Geschichte der Erdteile

David Arnold, Südasien. Frankfurt am Main 2012.

Michael Borgolte, Christen, Juden, Muselmanen. Die Erben der Antike und der Aufstieg des Abendlandes 300 bis 1400 n. Chr. München 2006.

François-Xavier Fauvelle, Das goldene Rhinozeros. Afrika im Mittelalter. München 2017.

Adam Jones, Afrika bis 1850. Frankfurt am Main 2016.

Dieter Kuhn, Ostasien bis 1800. Frankfurt am Main 2014.

Hermann Mückler, Australien, Ozeanien, Neuseeland. Frankfurt am Main 2020.

Jürgen Paul, Zentralasien. Frankfurt am Main 2012.

Rudolf Schieffer, Christianisierung und Reichsbildungen. Europa 700–1200. München 2013.

Bernd Schneidmüller, Grenzerfahrung und monarchische Ordnung 1200–1500. München 2011.

Henk Schulte Nordholt, Südostasien. Frankfurt am Main 2018.

Zu Aspekten und Faktoren der mittelalterlichen Globalisierung

David Abulafia, The Great Sea. A Human History of the Mediterranean. London 2012.

Tamin Ansary, Die unbekannte Mitte der Welt. Globalgeschichte aus islamischer Sicht. Frankfurt/New York 2010.

Thomas Asbridge, Die Kreuzzüge. Stuttgart 2010.

Ole J. Benedictow, The Black Death 1346–1353. The Complete History. Woodbridge 2004.

John Block Friedman/Kristen Mossler Figg (Hrsg.), Trade, Travel, and Exploration in the Middle Ages. An Encyclopedia. New York/London 2000.

Wim Blockmans/Mikhail Krom/Justyna Wubs-Mrozewicz (Hrsg.), The Routledge Handbook of Maritime Trade Around Europe 1300–1600. London/New York 2019.

Michael Borgolte (Hrsg.), Migrationen im Mittelalter. Ein Handbuch. Berlin 2014.

Albrecht Classen (Hrsg.), Travel, Time, and Space in the Middle Ages and Early Modern Time. Explorations of World Perceptions and Processes of Identity Formation. Boston/Berlin 2018.

Thomas Glick/Steven J. Livesey/Faith Wallis (Hrsg.), Medieval Science, Technology, and Medicine. An Encyclopedia. New York/London 2005.

Valerie Hansen, The Year 1000. When Explorers Connected the World and Globalization Began. New York etc. 2020.

Tamar Hodos (Hrsg.), The Routledge Handbook of Archaeology and Globalization. London/New York 2017.

Catherine Holmes/Jonathan Shepard/Björn Weiler (Hrsg.), Political Culture in the Latin West, Byzantium and the Islamic World, c. 700–c. 1500. A Framework for Comparing Three Spheres. Cambridge 2021.

Thomas O. Höllmann, China und die Seidenstraße. Kultur und Geschichte von der frühen Kaiserzeit bis zur Gegenwart. München 2022.

Peter Jackson, The Mongols and the Islamic World. From Conquest to Conversion. New Haven/London 2017.

Donald Johnson/Jean Elliot Johnson, Universal Religions in World History. The Spread of Buddhism, Christianity, and Islam to 1500. Boston u.a. 2007.

Mischa Meier, Geschichte der Völkerwanderung. Europa, Asien und Afrika vom 3. bis zum 8. Jahrhundert n. Chr. München 2019, [7]2021.

Jean-Marie Moeglin/Stéphane Péquignot, Diplomatie et ‹relations internationales› au moyen âge (IXe–XVe siècle). Paris 2017.

Le relazioni internazionali nell'alto medioevo. Spoleto 2011.

Angela Schottenhammer (Hrsg.), Early Global Interconnectivity across the Indian Ocean World 1: Commercial Structures and Exchanges. Cham 2019; 2: Exchanges of Ideas, Religions and Technologies. Cham 2019.

Register

Das folgende Register musste knapp gehalten werden. Für erschöpfende Nachweise der Personen, Orte und besonders der Sachen, die die Globalisierung im mittelalterlichen Jahrtausend erschließen, sei verwiesen auf Borgolte, Welten des Mittelalters ([2]2022), 1070–1102.

Personen/-gruppen

Abbasiden 18, 41, 45, 47, 49 f., 56, 77, 84
Aghlabiden 41
Almohaden 42, 58 f., 91
Almoraviden 42
Ancestral Puebloans 110
Angeln (Angelsachsen) 11, 22–24, 30
Anglonormannen 30, 99, 119
Anjou 30, 32–34, 36, 58
Arianer 21–22, 31, 39
Beduinen 42, 91
Berber 35, 40–43, 59, 91
Brahmanen 66–68, 118, 120
Buddhisten 52, 66–76, 117
Bujiden 50 f.
Bulgaren 19–20, 25, 28, 33
Charidschiten 18, 41
Chazaren 33, 57, 59, 88
Colas 64, 94
Dschingis Khan 48, 52, 65, 78–80, 96
Fatimiden 41 f., 45, 51, 58, 91 f.
Franken 21 f., 89 f., 121
Friesen 11, 84
Ghaznawiden 50 f.
Ghuriden 51
Han 84
Heinrich der Seefahrer 12
Hinduisten 52, 63, 65–68, 70, 118
Hohokam 111
Ilioni 10
Inka 110, 113 f., 122
Inuit 109
Iren 11, 20, 23, 30
Jainas 68
Jin 77, 79, 81
Johannes von Monte Corvino 46, 48
Jurchen 77–79, 96, 101
Karäer (Karaiten) 55, 58, 62
Karimis 93
Karl d. Gr. 23, 26, 88, 116
Khitan 77 f., 94–96
Kolumbus, Christoph 106
Konfuzianer 72–76, 118
Koryŏ 73
Kumanen 25, 79
Mamluken 44 f., 57 f., 93, 104–106
Maya 112
Mehmed II. 38, 104
Ming 72, 75, 82, 99–101, 120
Mongolen 25, 47–49, 52, 71 f., 75, 77–82, 93, 96, 99, 101, 103, 118 f., 121
Monophysiten (Miaphysiten) 17 f., 39, 46
Native Americans 111
Nestorianer 17, 46–48
Nomaden 12, 25 f., 33, 38, 40, 43,

45, 51 f., 74–77, 79–83, 87, 94–96, 101, 111, 116–119
Normannen 28, 30, 36, 91, 93, 99, 119
Omaijaden 18, 34, 41, 49, 84
Osmanen 37 f., 46, 55, 62, 103 f., 119
Palas 63
Pallavas 63 f.
Pandyas 64 f.
Perser 16 f., 47, 53, 77, 94, 116 f., 120
Polos 97
Rashtrakutas 64
Rjurikiden 24
Rus' 11 f., 24–26, 28, 33, 45, 52, 57, 79 f., 87 f., 103, 117, 119
Samaniden 49 f.
Sasaniden 14, 18, 47, 49, 56, 86, 116
Schiiten 18, 40 f., 45, 50 f.
Seldschuken 45, 50–52, 56
Sogdier 47, 49, 85 f.
Song 43, 72, 75, 78 f., 81, 84, 94–96, 120, 122
Sui 76
Sunniten 18, 40 f., 45, 50
Tamerlan (Timur) 52, 64 f., 99, 120
Tang 6, 47, 71 f., 76 f., 84, 90, 94, 117, 120
Timuriden 99
Tolteken 112
Türken 28, 33, 37 f., 41, 45, 47, 49–52, 64 f., 72, 85–87, 119
Tuoba 76
Uiguren 47 f.
Ungarn 24, 33, 38
Vasco da Gama 12, 106
Wikinger 7, 12, 88, 109
Wolgabulgaren 33, 79, 88
Xi Xia 77, 79
Xianbei 77
Xiongnu 76, 85
Yüan 80 f., 94–97, 99, 120

Orte

Adrianopel (Edirne) 104
Ägypten 18, 38–42, 44–46, 57 f., 86, 89, 91, 93, 104 f.
Äthiopien 17
Aksum 16 f.
Al-Andalus 34–36, 42, 59, 89
Alexandria 16–18, 38–40, 47, 56, 84, 88 f., 92, 106, 120
Amalfi 90–92, 121
American Bottom 110
Angkor 65, 67, 118, 122
Antiochien 16 f., 90
Aoudaghost 43
Aragon 35, 58, 93, 105 f., 121
Armenien 16 f., 37, 54, 86, 105
Babylon 53, 55–57
Bagdad 19, 33, 41, 45, 47, 50, 52, 56, 77, 80, 86, 105
Beirut 90
Birma 65, 67, 70
Böhmen 24, 29, 32 f., 62
Buchara 50, 57, 81
Bulgar 33
Bursa 38, 104
Byzanz 15 f., 18–22, 26–28, 31, 34, 36 f., 40 f., 47, 55, 57 f., 86, 89–93, 96, 102–104, 119 f.
Cahokia 110
Calakmul 112
Calicut 106
Chaco Canyon 110
Champa 66 f., 94, 102
Champagne 61, 98 f.
Chang'an 46, 77, 83, 119
Chiapas 113
Chorasan 45, 49 f., 57
Choresmien 33, 49, 52, 57, 79, 102

Choson 73, 101
Cordoba 34 f., 41, 59, 89
Cusco 113 f.
Dadu 80, 96, 99
Damaskus 18, 34, 47, 51, 105
Delhi 51 f., 64 f.
Dnjepr 25, 121
Donau 19 f., 29, 84, 121 f.
Edessa 17
Ferganatal 49, 83
Fez 36, 57
Flandern 11
Florenz 46, 105
Fustat 42, 88 f.
Gaëta 90, 92
Gallipoli 104
Gansu 47, 71, 77, 79, 83, 85
Gao 43 f.
Genua 10–12, 92 f., 97, 99, 101–103, 105 f., 121
Ghana 43 f.
Goldene Horde 80
Granada 35 f., 59
Grönland 11 f., 109
Gujarat 87
Hangzhou 78, 96
Hawaii 107
Ifriqiya 41 f.
Ilkhanat 52, 80
Indik (Indischer Ozean) 12 f., 44, 83, 86, 91 f., 100, 102, 120
Island 11 f., 24
Japan 8, 12, 73, 75–77, 80, 95, 100, 102, 106, 120
Java 65, 68, 70, 95
Jerusalem 32, 36 f., 47, 51, 53 f., 56, 90 f., 117
Jütland 11, 22
Kairouan 40 f.
Kanal (Ärmelkanal) 11, 60, 84, 99
Kanem 43 f.
Karthago 39 f., 84 f.
Kaspisches Meer 49 f., 57, 80, 83
Kastilien 12, 31, 35, 42, 105 f.
Katalonien 105
Kaukasus 33, 79 f., 102
Khanbaliq 48
Kilwa 44
Konstantinopel 16–18, 27, 37 f., 77, 84 f., 88, 90, 92 f., 103 f.
Korea 12, 73, 75–77, 80 f., 100–102, 120
Kosrae 108
Krim 57, 93, 103
Kyjiv (Kiev) 25
Kyoto 73
León 31, 42
Libyen 39, 42
Litauen 26, 33, 62, 103
Loire 22
London 60
Luoyang 46
Lwiw (Lemberg) 62
Maghreb 41 f., 44, 91
Majapahit 65, 68, 118
Malabarküste 57, 87, 106
Mali 43 f.
Marrakesch 42
Marseille 59, 88, 102, 121
Medina 14, 18, 41, 117
Mekka 14, 18, 38, 41, 44, 86, 117
Merw 47
Mesopotamien 53 f., 102
Messina 102
Mississippi 110 f., 115
Moldawien 28
Mongolei 77, 79, 81
Nalanda 70
Nanjing 72, 78
Navarra 55 f.
Neapel 32, 90
Nicäa (Nikaia) 16 f., 37, 39
Nil 13, 17, 41, 45 f., 58, 104, 121
Nischapur 49 f.
Nisibis 17
Northumbrien 23
Norwegen 11 f., 24, 32
Nubien 18, 45, 92

Osterinsel 107f., 115
Pagan 65, 67, 118
Paris 31, 61
Pazifik 9, 12, 44, 107–109, 112–115
Peking 48, 77, 79f., 82, 96, 100f.
Persien 14, 16f., 41, 47–49, 51f., 64, 80, 83, 86f., 90, 102, 105, 116, 120f.
Pisa 92f., 105, 121
Polynesien 107–109, 115
Pontus (Pontische Steppe) 25, 93, 103, 117
Portugal 12, 55, 58, 102, 105f.
Pumbedita 56
Raqqada 41
Rhein 19–23, 29, 60f., 84, 89, 122
Rom 7, 11, 14, 17–24, 26, 29, 31f., 36, 38–40, 42, 46, 48, 54, 58, 60, 84f., 87–89, 115–117, 119f.
Rotes Meer 83, 86, 92, 102, 120
Rouen 60
Rus' (Russland) 11f., 24–26, 28, 33, 45, 52, 57, 79f., 87f., 103, 117, 119
Sahara 43, 86
Samarkand 47, 52, 57, 64, 76, 81, 85
Schwarzes Meer 12, 16, 25, 27, 54, 57, 80, 83f., 93, 103–105, 121
Schweden 12, 24, 26, 32, 103
Seine 21
Seleukia-Ktesiphon 17, 47
Sidschilmasa 41, 43
Sogdien 6, 49
Srivijaya 64f., 70, 84, 118
Sudan 104, 106, 116
Sumatra 64f., 70
Syrien 17f., 37f., 41, 43, 49, 51, 54, 57, 96, 104f.
Täbris 104f.
Takla Makan 83
Tarimbecken 47, 71, 79, 85f., 101, 120
Teotihuacan 111
Tiahuanaco 113
Tikal 112
Timbuktu 44
Toledo 31, 35, 42
Tonga 107f.
Transoxanien 49f., 81
Trapezunt 93
Tripolis, Tripolitanien 37, 42, 92
Tschagatei 52, 81
Tunis, Tunesien 40f., 58, 89, 104
Turfan 71, 86
Ungarn 24, 32–34, 38, 57, 62, 75
Venedig 37, 89, 92f., 97, 102f., 105f., 121
Vietnam 72, 75, 80, 94, 102
Vijayanagara 65
Walachei 25, 28, 38
Wolga 33
Xinjiang 57
Yukatan 110, 112
Zypern 39, 47, 88, 91